AF555593

Todos los libros de Linkgua Ediciones cuentan con modelos de Inteligencia Artificial entrenados por hispanistas. Pregúntale al chat de tu libro lo que desees acerca de la obra o su autor/a.

Para ebooks: Accede a nuestro modelo de IA a través de este enlace.

Para libros impresos: Escanea el código QR de la portada con tu dispositivo móvil.

Obtén análisis detallados de nuestros libros, resúmenes, respuestas a tus preguntas y accede a nuestras ediciones críticas generativas para una experiencia de lectura más enriquecedora.
La transparencia y el respeto hacia la autoría de las fuentes utilizadas son distintivos básicos de nuestro proyecto. Por ello, las respuestas ofrecen, mediante un sistema de citas, las fuentes con las que han sido elaboradas.

Félix de Azara

Correspondencia oficial e inédita sobre la demarcación de límites entre el Paraguay y el Brasil

Barcelona 2024
Linkgua-edición.com

Créditos

Título original: Correspondencia oficial.

e-mail: info@red-ediciones.com

Diseño de cubierta: Michel Mallard.

ISBN CM: 978-84-9953-636-1.
ISBN tapa dura: 978-84-1126-000-8.
ISBN ebook: 978-84-9897-687-8.

Sumario

Créditos 4

Brevísima presentación 9

La vida 9

Correspondencia oficial 11

Discurso sobre la correspondencia oficial de Azara 13

I. Al gobernador del Paraguay, sobre límites 15

II. Al virrey, sobre demarcación 15

III. Al virrey, dando cuenta del arribo de los demarcadores en la Asunción 20

IV. Al mismo, sobre la demarcación 21

V. Sobre el mismo asunto 23

VI. Sobre salir a reconocer los pueblos de Misiones 24

VII. Sobre el mando de don José Varela 24

VIII. Sobre demarcación 25

IX. Sobre la venida de los portugueses 27

X. Sobre la demarcación de límites 28

XI. Al mismo, sobre el mismo asunto 32

XII. Al virrey, sobre los establecimientos portugueses 33

XIII. Al mismo, para que haga retirar las partidas 37

XIV. Al mismo, sobre la demarcación 38

XV. Al mismo, sobre la salida de la Asunción 42

XVI. Al mismo, sobre el viaje do Curuguatí 42

XVII. Al mismo, sobre la demarcación 43

XVIII. Al mismo, dándole aviso de haber llegado a Curuguatí 50

XIX. Al mismo, para que se retiren las partidas 51

XX. Da cuenta de la retirada de Curuguatí 53

XXI. Sobre la demarcación 54
XXII. Sobre volver a Curuguatí 56
XXIII. Sobre establecimientos portugueses 58
XXIV. Para que no corra la línea por la cordillera 62
XXV. Sobre la demarcación 67
XXVI. Recibo a la resolución del rey 72
XXVII. Sobre los caminos de Chiquitos 72
XXVIII. Para que se nombre por segundo Comisario al teniente de navío don Martín Boneo 77
XXIX. Para que nombre tercer jefe de partida a don José Bolaños 78
XXX. Retiro de don Martín Boneo 79
XXXI. Sobre quedar retirado don Martín Boneo 79
XXXII. Al gobernador, sobre el retiro del carpintero 80
XXXIII. Reconocimiento del Igatimí 80
XXXIV. Sobre que los portugueses ofrecen evacuar a Albuquerque 81
XXXV. Sobre la extensión de la Provincia 81
XXXVI. Al gobernador, sobre límites 83
XXXVII. Al mismo, sobre una población portuguesa 83
XXXVIII. Al virrey, acusando el recibo de una real orden 84
XXXIX. Al mismo, muy reservada 84
XL. Al mismo, sobre el río Corrientes 86
XLI. Al gobernador 87

Libros a la carta **99**

Brevísima presentación

La vida

Félix de Azara, 18 de mayo de 1742 (Barbuñales, Huesca)-1821. (España.)

Fue militar, ingeniero, explorador, cartógrafo, antropólogo y naturalista.

Estudió en la Universidad de Huesca y en la Academia militar de Barcelona dónde se graduó en 1764. Sirvió en el regimiento de infantería de Galicia y obtuvo el grado de lugarteniente en 1775. Siendo herido en la guerra de Argel, sobrevivió de milagro.

Asimismo rechazó en 1815 la Orden de Isabel la Católica en protesta por los ideales absolutistas imperantes en España.

Mediante el tratado de San Ildefonso (1777), España y Portugal fijaron los límites de sus dominios en América del Sur y Azara fue elegido como uno de los cartógrafos encargados de delimitar con precisión las fronteras. Marchó a Sudamérica en 1781 para una misión de algunos meses y vivió allí veinte años.

Al principio se estableció en Asunción, Paraguay, para realizar los preparativos necesarios y esperar al comisario portugués. Sin embargo, pronto se interesó por la fauna local y comenzó a estudiarla acumulando el extenso archivo que más tarde conformó los cimientos de su obra científica.

Cabe añadir, además, que colaboró con José Artigas en el establecimiento de pueblos en las fronteras entre la Banda Oriental (actual Uruguay) y el Imperio del Brasil.

Azara murió en España en octubre de 1821, víctima de una pulmonía; fue también conocida su amistad con Goya, quien pintó un retrato suyo.

Correspondencia oficial

Discurso sobre la correspondencia oficial de Azara

Entre varios papeles que dejó Azara en poder de su compañero y amigo, don Pedro Cerviño, se hallaba el borrador autógrafo de su correspondencia inédita sobre los trabajos de demarcación: documento importante, que contiene la historia de las controversias suscitadas por los Comisarios portugueses, con varias observaciones sobre el tratado de 1777.

En él se señalan los errores de los negociadores; sobre todo el de hacer pasar la línea de demarcación por dos ríos (Ygurey y Corrientes), que, o no existen, o no se hallan donde ellos los habían colocado. Solo al cabo de muchas investigaciones pudo descubrirlos el autor de esta correspondencia, el primero en el Yaguarey, o Igurey de d'Anville, y el segundo en el río Appa.

Pero, por más fundada que fuese esta opinión, no pasó de conjetura, y la aprobación de los Altos Poderes Contratantes no bastó a darle el carácter de un artículo adicional al tratado. No cesaron los comisarios portugueses de promover dudas y enredos, y lograron al fin el objeto que se habían propuesto, de dejar en suspenso la demarcación.

Azara tuvo que luchar contra las mismas autoridades españolas, que, o no comprendieron, o tenían en menos sus representaciones. Esta indiferencia le pareció sospechosa, y acusó de cohecho al gobernador del Paraguay. Sus relaciones oficiales con este funcionario tomaron desde luego un carácter austero y hasta descomedido, que solo la conciencia de alguna culpa secreta pudo hacer tolerar en un inferior. Débil y circunspecto en las contestaciones, el gobernador cifró su venganza en los desaires, que despreció Azara a pesar de su genio irritable. Solo al cabo de muchos años puso en los apuntes, que comunicó al Señor Walckenaer, para que no lo olvidase en su biografía, que: «Preguntando un día donde estaban las llaves del archivo, le fue contestado, que se las había llevado al campo un dependiente del gobernador». Desde entonces ya no volvió a este lugar de su predilección, y ¿quién puede calcular ahora la extensión que hubiera dado a la parte histórica de su viaje sin este incidente?...

El mérito de Azara no debe graduarse por lo que hizo, sino por las dificultades que halló en realizarlo. Ninguno de sus compañeros le aventajó en actividad, y a todos sobrepujó en inteligencia.

Buenos Aires, marzo de 1837.
Pedro de Angelis

I. Al gobernador del Paraguay, sobre límites

Muy señor mío:

Asunción, 27 de febrero de 1784

Debiendo yo demarcar los límites de esta Provincia y el Brasil según el último tratado, por el cual deben quedar cubiertas nuestras posesiones, necesito que Vuestra Señoría me informe de las que tiene esta Provincia en su parte septentrional: explicándome no solo los pueblos, sino también sus jurisdicciones, pastos y yerbales.

Señor don Pedro Melo de Portugal.

Nuestro Señor, etc.

II. Al virrey, sobre demarcación

Excelentísimo señor:

Asunción, 12 de abril de 1784

Leídos con atención los papeles que el señor don José Varela me dio cuando salí de esa, concebí que la línea divisoria debía seguir el río Igatimí hasta su origen; y luego, según el artículo 4.° del tratado, dirigirse al norte por la cresta de una serranía que corre de sur a porte entre los ríos Paraná y Paraguay: hasta que se pudiese, cayendo al oeste, cubrir los pastos y yerbales de dos pueblos que tenemos al norte del Ipané, y deben quedar por nosotros, conforme al artículo 16 del tratado, y a la orden de Su Majestad de 1 de abril de 1782.

Marcada así esta línea hasta el río Paraguay, vi que, según el artículo 6.° del mismo tratado, debía señalarse otra para los portugueses, dejando competente espacio neutral entre ambas. Y como los bárbaros Mbayás posean las tierras entre dicha serranía y el río Paraguay, que desde dichos pueblos se extienden al norte como 30 o 40 leguas, me pareció que podrían dejarse neutrales estos indios y sus posesiones, quedando de este modo imposibilitada la comunicación de los vasallos de ambas coronas por esta parte, que es uno de los fines del tratado. Así pensé, hasta que vi la respuesta que me dio este gobernador, cuando le pregunté la extensión de los pastos y yerbales de los dos referidos pueblos.

No estoy instruido en los hechos pasados, y deseo acertar. Tengo entendido que, en la demarcación del año de 1753, tomaron los comisarios por límite los ríos Igatimí e Ipané, dejando a los Mbayás por Portugal. Por otra parte veo que los Lusitanos, contra la misma demarcación y su tratado, fortificaron la orilla del Igatimí: que Su Majestad, o su Real Consejo de Indias, expidió cédula de aprobación a favor de la fundación de la villa de la Concepción, situada al norte del Ipané, en tierras de los Mbayás: que dos concesiones o mercedes, mal explicadas, y expedidas por dos Gobernadores de esta provincia, han dado las tierras de los Mbayás a los Jesuitas; y finalmente veo que el actual gobernador me escribe en términos que dan a entender que poseemos dichas tierras. Todo esto, que ha sucedido después del penúltimo tratado, da a comprender que poseemos las tierras de los Mbayás, y por consiguiente que estas deben quedar a nuestra banda, según dichos artículo 16 y real orden de 7 de abril. Pero los portugueses sostendrán lo contrario, y apenas convendrán en la primera idea que he referido. Yo, con lo que llevo dicho, no puedo tomar sobre mí la cesión de los Mbayás, ni aun el dejarlos neutros; pareciéndome que debo sostener que la línea que he dicho tener imaginada para límite de los portugueses, lo sea para nosotros, señalando más allá otra para encerrar el espacio neutral. Si a Vuestra Excelencia le pareciere que nuestra posesión de los Mbayás y sus tierras no está bien acreditada, y que no debo hacer caso, para el efecto de probar nuestra posesión, de la carta de este gobernador, de la real cédula, y de las mercedes referidas, que todo le incluyo, me lo avisará para que me arregle a mi primera idea. Y si Vuestra Excelencia tiene por cierta nuestra posesión, también puede avisármelo, para que insista en sostener las tierras de los Mbayás: en cuyo caso, si se opusieren los portugueses, se habrá de tomar un expediente interino para que las Cortes decidan. Para mayor inteligencia, ínterin remito croquis, de las tierras de que se trata, añadiré las noticias que de ellas he adquirido.

Sus límites son, al oeste el río Paraguay, al sur el río Ipané, al este una cordillera o cresta de lomas que, mediando entre los ríos Paraná y Paraguay, se extiende mucho de sur a norte. No puedo señalar su límite fijo por el norte, que juzgo será el paralelo de 22° o 211/2, según las noticias que he tomado de los indios Payaguás, de tres caciques Mbayás, de algunos españoles y de un diario del jesuita Sánchez: verdad es que varían mucho dichos informes. Los demarcadores últimos parece que creyeron que dichas tierras eran cálidas, húmedas, mal sanas, anegadizas e inútiles para criar ganados: pero los continuos esfuerzos de los jesuitas para establecerse allí, y los muchos pueblos y reducciones que ha habido en ellas, y que se han abandonado, no por mala calidad de la tierra, sino por violencia y temor de los Paulistas, hacen formar mejores ideas.

A estos hechos se agrega la aserción de los que han andado por allá, de que hay barreros para ganados; que los caballos de los Mbayás están muy gordos y aventajados a los de esta provincia; que se crían ovejas, y por fin, que el terreno es excelente, y, que lo produce todo, con ventaja al de esta provincia.

Las tierras entre los ríos Ipané y Aquidaban, que distarán como ocho leguas, tienen tantos yerbales que se consideran inagotables. También hay noticias, no bien averiguadas, de que las tierras de los Mbayás contienen un cerro de plata, que por está razón llaman blanco. Hacia el extremo del norte de dichos Mbayás tiene el río Paraguay un paso, que da en los Guanás de la otra banda, que no dista mucho del pueblo de Santiago de los Chiquitos, según el diario del padre Sánchez. Es bien sabido el empeño de los jesuitas para conseguir la comunicación de esta provincia con la de Chiquitos; y como los ríos Mbotetey y Tacuary están, a mi juicio, 50 leguas al norte de dichos Mbayás, no perjudica a los portugueses, para su navegación a Cuyabá, el que queden por nosotros las tierras de que se trata, que nos son más útiles, que perjudicial a ellos nuestra posesión.

Los mismos tres caciques Mbayás me han informado, que no lejos de la costa oriental del río Paraguay, y al norte de sus tierras, formaron los portugueses, hace seis años, un presidio o fortaleza donde los Mbayás fueron fingiendo paces, y engañándolos, mataron a 164 portugueses cuatro años há. El cura de Belén ajustó este número por los ñudos y señales que lo mostraron los indios, en cuyas manos vio alpinos fusiles portugueses. Estos de resultas trasladaron su población a la banda del Chaco y orilla occidental del río Paraguay, donde se mantienen muy fortificados, en paraje pedregoso y desigual, donde no han podido sorprenderlos los mismos Mbayás que lo han intentado, porque no pueden hacer uso allí de los caballos. Los caciques que me dan estas noticias, no saben fijar la situación del fuerte portugués; pero dicen, que cuando van a pescar al río, desde su última toldería oyen tiros. Los Payaguás-Tacumbús me dicen que, desde la última tierra de los Mbayás a dicho pueblo portugués, pueden ellos ir en dos o tres días con sus canoas. Los Payaguás-Sarigués, que habitan hacia Itapacú, en la tierra de dichos Mbayás, dicen lo mismo en cuanto a la distancia, pero difieren en que ponen dicho pueblo en la costa oriental, mientras los referidos Mbayás aseguran a veces que son dos pueblos, uno en cada banda del río. El que conozca los indios no extrañará esta diferencia de noticias.

Lo único que de esto deduzco es, que hay portugueses en una u otra banda del río Paraguay, o en las dos: si están en las orillas del río Mbotetey o del Tacuary, esto es, por la latitud de 19° 30', como es probable, para asegurar su navegación hasta Cuyabá, no hay que decir; pueden poblar allí, según sus tratados, como no sea en la orilla del río Paraguay: si están establecidos en el Chaco y, como se puede sospechar, en la Sierra de San Fernando, que tiene indicios de minas de oro y diamantes, y su establecimiento es posterior al tratado, no pueden permanecer según éste; pero si lo están anteriormente, querrán defender su posesión, diciendo que cada Corona debe quedar con lo que poseía antes de dicho tratado, y Vuestra Excelencia juzgará la fuerza de esta razón.

Parece escusado decir, que si el establecimiento portugués está en la orilla del río Paraguay en el Chaco, nos embarazará la comunicación con los Chiquitos, por el paso arriba dicho y el de Itatin, la navegación del río hasta el Jaurú; porque serán en este caso los portugueses dueños de una y otra orilla. No tengo yo facultades para mandar a don Juan Francisco Aguirre, a quien toca demarcar el río Paraguay, ni para darle instrucciones. Por cuyo motivo, en el caso que Vuestra Excelencia no quiera dejar este asunto a la prudencia de dicho oficial, podrá instruirle sobre si debe solicitar la destrucción de dicho fuerte y pueblos portugueses, y en qué términos;

explicándole los casos en que pueda hallarse relativamente la situación local de dicho fuerte, y al tiempo, de su fundación.

Puede no ser malo que el comisario de la 3.ª división de demarcadores sepa que, debajo de la confluencia de los ríos Guaporé y Sararé al oeste de ella, hay una montaña, que según el tratado debe quedar por nosotros, en la cual hay minas de excelente oro, y que podría suceder que en el día se hayan establecido en ella algunos portugueses que tienen noticia de dichas minas.

Los reconocimientos que los Curuguateños han hecho por orden de este gobernador, nada nos dicen de portugueses, quienes no harán falta si llegan el mes próximo: pero, como por ningún lado tengo noticia de ellos, no he querido aprontar barcos, ni pagar fletes, ni pasaré al Igatimí, según se me tiene mandado, porque causaría muchos gastos, exponiéndome a quedarme sin reses y cabalgaduras, por ser país mal sano para ellas y para todos. Así suspenderé mi salida hasta que por algún camino sepa el arribo de los portugueses al Igatimí.

Nuestro Señor, etc.

III. Al virrey, dando cuenta del arribo de los demarcadores en la Asunción

Excelentísimo señor:

Asunción, 12 de mayo de 1784

Aunque yo llegué a esta por tierra el día 9 de febrero, los dos barcos con la gente y pertrechos han tardado en llegar el uno hasta el 25 del pasado, y el otro hasta el 3 del presente. Las muchas aguas y larga navegación han averiado algunos víveres, cuya cantidad se sabrá cuando se reconozca. Los individuos de mi mando han llegado, sin más novedad que la de haber desertado en Corrientes Francisco Ordóñez, soldado de la 1.ª compañía del primer batallón del regimiento de Buenos Aires. Pero habiéndole arrestado, el Teniente de Corrientes, me lo envía, y aquí se te castigará según ordenanza.

Con este motivo he averiguado que el soldado José Funes, que perdí en mi viaje por tierra, no se ha incorporado en los barcos, y que fue desertor, según se anota en las listas de revista.

Nuestro Señor, etc.

IV. Al mismo, sobre la demarcación

Excelentísimo señor:

Asunción, mayo 12 de 1784

Nada tengo que añadir a lo que dije en el pasado, tocante al pueblo y fuerte portugués establecidos en el Chaco, en la costa del río Paraguay, hacia la latitud de 1910/2, en mi dictamen. Pero sobre lo demás he sabido posteriormente que los padres Méndez y Barzola franciscanos, fueron el año de 1769 a las tierras de los Mbayás de esta banda del río, que son las mismas de que hablé en mi anterior: donde el primero estableció reducción hacia el Itapucú, en la latitud de 21° 10', llamándola Nuestra Señora del Refugio de Egilechigó, donde tuvo iglesia pública y campanas; hasta que, habiendo muerto entre los Mbayás en agosto de 1775, y no proveyéndose su curato, quedó el pueblo y los Mbayás abandonados.

El padre Barzola pasó al Chaco, redujo parte de los Guanás, y trayéndolos a las tierras de los Mbayás en esta banda, el año de 1772, les fundó una reducción cerca de la anterior: pero la abandonó luego, sin que nadie fuese a sucederle, y me persuado que los indios que componían dichas reducciones, las habrán abandonado.

Igualmente fueron a los Mbayás los padres franciscanos Sotelo y Bogarin posteriormente, y después pasaron al Chaco, de donde, sin fijarse, regresaron a esta, siendo todos estos actos de posesión.

De mi carta anterior y de esta se deduce, que el gobernador don Jaime San-Just dio las tierras de los Mbayás de esta banda a la reducción de Belén que él mismo fundó en ellas; que su sucesor don José Martínez Fontes confirmó esta donación; que don Agustín Pinedo, además de haber fundado en las mismas tierras la villa de la Concepción que aprobó Su Majestad (constando de los papeles que he incluido a Vuestra Excelencia en mi anterior) habiendo tenido aviso de hallarse establecidos los portugueses dos jornadas al norte del cerro de Itapucú, envió a desalojarlos por fuerza un fuerte destacamento, que halló ser falsa la noticia; y por último, que el actual gobernador también habla en términos que Vuestra Excelencia habrá visto. De modo que hallo, que los cuatro últimos gobernadores se creyeron poseedores por Su Majestad de las tierras de los Mbayás de esta banda, como se echa de ver de los actos posesorios referidos; y por consiguiente, conforme al artículo 16 del tratado y a la carta instructiva de 7 de abril de 1782, no puedo menos de solicitar que la línea divisoria deje dichas tierras por nosotros, y así lo haré si Vuestra Excelencia no ordena otra cosa.

Agrégase a lo dicho, que hace veintitrés años que los Mbayás no hacen el menor daño a esta provincia, y si se ceden a los portugueses, figurándose que se les falta a la fe, se inquietarán, renovando la guerra que tantos estragos causó en esta provincia.

Podrá suceder, y se debe sospechar, que los portugueses se opondrán, y que fundados en la demarcación última que tomó por límite el río Corrientes y el Ipané, quieran ahora que suceda lo mismo: en cuyo caso procuraré tomar un expediente interino que no atrase la demarcación, dejando la cosa en términos que, en cualquiera decisión de las Cortes, no sea menester volver a demarcar.

Incluyo a Vuestra Excelencia un croquis de las tierras de los Mbayás, que creo se comprenden entre los ríos Tepotí, Paraguay, Ipané, y la Cordillera marcada con puntos gruesos. Para que los Mbayás queden por nosotros, la línea divisoria debe seguir desde la cabeza del Igatimí por el río Aguaray hasta la cresta de la Cordillera referida, siguiendo por ella hasta las cabeceras del Tepotí, o del llamado Corrientes, bajando por él al del Paraguay.

Dicho croquis se ha formado según los demarcadores últimos: pero en puntitos he añadido el curso de los Aguaray e Ipané, valiéndome de varias informaciones, según las cuales, ni los Aguaray comunican con el Ipané, ni corren de este a oeste según se creyó, sino al sur-sur-oeste, y el Ipané viene al norte. Me he detenido en estas cosas porque se ignoraban cuando salí de esa.

Nuestro Señor, etc.

V. Sobre el mismo asunto

Excelentísimo señor:

Asunción, 11 de junio de 1784

Nada tengo que añadir a mis anteriores, sino que deseo hallarme sobre el terreno para mirar las cosas de cerca, porque sin esto es imposible resolver con acierto muchas cuestiones. Esté Vuestra Excelencia seguro que deseo acertar, y que cuando resultase alguna duda, aclararé las cosas de modo que puedan las Cortes decidir fácilmente, sin que esto retarde nuestro regreso.

Hallándome con mis cosas prontas y sin noticia de portugueses, he resuelto salir mañana a reconocer algunos pueblos, y observar su latitud y longitud a fin de no holgar, y de adelantar alguna cosa la geografía de esta provincia.

Nuestro Señor, etc.

VI. Sobre salir a reconocer los pueblos de Misiones

Excelentísimo señor:

Asunción, 12 de agosto de 1784

Como no tengo noticia de portugueses, iré un día de estos a ver los pueblos de Misiones, y tomar reconocimientos, que aunque jamás sirven, entretendrán la ociosidad que experimento, sin que en lo que yo haga se invierta el menor caudal del erario, ni incomodidad de los particulares.

Nuestro Señor, etc.

VII. Sobre el mando de don José Varela

Excelentísimo señor:

Asunción, 13 de junio de 1784

Recibo la de Vuestra Excelencia en 15 de mayo, en que me hace saber que el señor don José Varela y Ulloa es Comisario principal de toda la demarcación; y que yo le debo estar subordinado. Desde que vine a la América me he considerado súbdito suyo, sin faltarle jamás a la obediencia, que sobre estarme mandada, debo tenérsela en consideración a su grado, talento, luces y superiores conocimientos a los míos.

Nuestro Señor, etc.

VIII. Sobre demarcación

Excelentísimo señor:

Asunción, 12 de julio de 1784

En vista de la de Vuestra Excelencia de 13 del pasado, y de las reflexiones y adiciones que contiene, no reclamaré las tierras de los Mbayás, y me contentaré con buscar un río que, cubriendo nuestros pueblos y yerbales al norte del Ipané, pueda servir de límite a los dominios, sin que entre estos quede terreno neutral.

Esta fue mi primera resolución, menos en lo del terreno neutro que quería establecer en las tierras de los Mbayás. Para pensar así, me fundaba en que el tratado quiere que los límites queden bien marcados y conocidos, lo que se consigue ciertamente, no haciéndolos pasar por ríos o montes, sino dejando los vasallos bien separados. Para lo primero, cualquiera río o arroyo es suficiente, pero no lo es para separar los vasallos, como se desea en el artículo 6.º del tratado: pues, no obstante de ser suficientes los arroyos Chuy, San Miguel y Tahim, para que la línea quede bien conocida, se deja entre ellos 40 leguas de terreno neutral.

Atendiendo a esto, e ignorando que hubiese en los parajes por donde debe pasar la línea entre los Mbayás, río caudaloso que solo pudiese ser límite, escribí a Vuestra Excelencia que debía quedar terreno neutral. Pero en el día, con la carta de Vuestra Excelencia y la lista de los ríos que me incluye, espero hallar alguno que evite la solicitud de terreno neutro; y con esto las molestas contestaciones.

Consulté a Vuestra Excelencia sobre las tierras de los Mbayás, porque tuve tiempo para ello, y porque esta provincia se hubiera quejado de mi sobre este particular, a que no tengo que añadir a lo dicho en los días 12 de abril y mayo: lo que no habiendo parecido a Vuestra Excelencia suficiente para reclamar con justicia dichas tierras, no trataré de ellas absolutamente con los portugueses.

Las reflexiones de Vuestra Excelencia extienden las tierras de los Mbayás hasta el río Tacuari, y aun más allá. Yo, fundado en lo que he oído al cura de Belén y a tres caciques, de los cuatro que habitan únicamente al este del río Paraguay, las consideraba de mucho menor extensión.

Las noticias del desprecio que merecieron dichas tierras a los demarcadores últimos, y la de la montaña hacia el Guaporé, las tomé de una carta del señor don Manuel de Flores al Marqués de Valdelirios, y la del Cerro Blanco, del diario de una expedición en su busca que poco há hizo un vecino de esta ciudad. Verdad es que no lo halló, pero dice que fue por impedirlo las aguas, y no por no existir: así aunque dudaba de esta noticia, y debía darla, aunque conociese que me pudieron engañar. Las noticias que me da Vuestra Excelencia son tan circunstanciadas que parecen justas, y no las olvidaré, cuando me puedan servir.

El cura de Belén ha dicho que desde su casa pasó a la banda del este de la cordillera que media entre los ríos Paraná y Paraguay, en seis días, con cargueros y chusma de indios, y que estos fueron en cuatro a la fortaleza que tuvieron los portugueses sobre el río, Igatimí: lo que no concuerda con la impenetrabilidad de dicha cordillera que refiere el papel de las adiciones. Cuando me halle en la cabecera del Igatimí, donde me vendrá a encontrar dicho cura, será tiempo de tomar el partido de volver a la Asunción, o de atravesar dicha cordillera.

He pasado a don Juan Francisco Aguirre copia de las reflexiones y noticias de Vuestra Excelencia, y he conferenciado particularmente sobre el fuerte reforzado de los portugueses que se halla en el Chaco: de cuya existencia no se puede dudar sin temeridad, porque todos los indios lo aseguran como testigos de vista. Por mi parte no dejaré de solicitar la ruina del que los portugueses tienen en Igatimí, si acaso está en pie.

Se me olvidó incluirá a Vuestra Excelencia el croquis, de que hablé el 12 de mayo, que hoy remito: en él verá Vuestra Excelencia ser dudoso el curso que se cree del Ipané, y que sus cabeceras sean las que le atribuyeron los demarcadores últimos. El fundamento de esta duda nace de que todos aquí aseguran que el Aguaray desagua en el Xejuí, y de que un mapa, hecho por alguno de los portugueses que acompañaron a don José Custodio en dicha demarcación, con la mayor claridad expresa el curso del Ipané, muy diverso, según lo muestra el croquis, y dirige el Aguaray, que creyeron cabecera del Ipané, al Xejuí.

No puede esta variedad embarazarnos en el día, aunque en aquella demarcación era de grave consecuencia. Pues vayan por donde quieran los Ipané y Aguaray, debemos cubrir nuestros pueblos y yerbales con algún río, sea el que fuere, según Vuestra Excelencia me lo dice.

He dicho cuanto en el día me ocurre, para que Vuestra Excelencia sepa en qué me fundé para consultar sobre estas materias y estoy muy contento con que Vuestra Excelencia me las haya declarado, y deseoso de practicarlas.

Nuestro Señor etc.

IX. Sobre la venida de los portugueses

Excelentísimo señor:

Asunción, 13 de octubre de 1784

Por la de Vuestra Excelencia de 13 del pasado, quedo impuesto de las disposiciones que se toman en el Brasil para principiar la demarcación que han de practicar estas partidas. Las mismas noticias me comunica el Comisario principal, señor don José Varela, añadiendo que su dictamen es, que no hagamos costos a la real hacienda, hasta que haya otras noticias, o Vuestra Excelencia lo disponga. Y respecto a que no lo hace Vuestra Excelencia, no moveré estas cosas hasta que expresamente se me mande.

Nuestro Señor, etc.

X. Sobre la demarcación de límites

A don José Varela.

Asunción, 13 de enero de 1784

En el tiempo que he estado aquí, no he dejado de indagar noticias de los terrenos que debo demarcar. El resultado de ellas me pone en precisión de consultar a Vuestra Excelencia algunos puntos muy interesantes a la demarcación que he de hacer por los ríos Igurey y Corrientes.

Toda la dificultad está en averiguar cuales son dichos ríos que no existen con los referidos nombres, ni el último tratado da seña para hallarlos: bastaría conocer el uno para seguirlo hasta su origen, y unirlo con la cabecera principal más inmediata de otro, para bajar por él según lo manda el tratado.

Yo no debo dudar sin embargo de lo referido, ni investigar dichos ríos: porque en la instrucción que Vuestra Señoría me entregó, se me manda demarcar el río Igatimí con la cabecera del río Aguaray, y que hecho esto me retire, contentándome con hacer lo que los últimos demarcadores: esto es, que tome al Igatimí por el Igurey, a las cabeceras del Aguaray por vertientes del río Ipané, y a éste por río Corrientes. Estoy pronto a hacer esto; pero no puedo menos de participar a Vuestra Señoría: lo primero, que dichas cabeceras del Aguaray no vierten en el Ipané, sino en el río Xejuí que emboca en el del Paraguay en 24° 7', según me informan muchos, y también un mapa original que tengo hecho por un portugués de los que anduvieron en dicha demarcación, que lo entregó al Brigadier don Jaime San Just. De modo que, admitiendo al Igatimí por Igurey, y siguiendo las aguas del Aguaray, como se me manda, caerá la línea en el río Xejuí, dejando fuera tres pueblos nuestros, y gran parte de los yerbales de la provincia cosas que no pueden componerse con el tratado. Lo segundo, que hago a Vuestra Señoría presente que, aunque fuese cierto que las cabeceras del Aguaray vertiesen en el Ipané, tampoco puedo demarcarlas y regresar, porque tenemos dos pueblos al norte de dicho Ipané, y quedarían fuera de la línea.

Este supuesto, es imposible dar cumplimiento en esta parte a las referidas instrucciones, y es preciso que me atenga al tratado, que habla de Igurey y Corrientes, y no de Aguaray ni Igatimí, ni Ipané: o por lo menos, cuando se tome el segundo por el Igurey, se hace indispensable que desde su origen se dirija la línea al norte, sin tocar las cabeceras del Aguaray, ni las del Ipané, hasta encontrar con las del río Aquidabaniguí, que es el primero que puede servir de límite, cubriendo nuestras posesiones, y desagua en el del Paraguay.

Mucho tiempo he estado persuadido, de que esto era lo que debía hacer: pero en el día pienso que lo más justo, conveniente y conforme al tratado es que la línea vaya por los ríos que voy a explicar.

Consta de los diarios y mapas de los últimos demarcadores, que en la latitud de 22° 4', emboca en el río Paraguay por el este un río caudaloso, cuyas circunstancias y latitud, examinadas y combinadas con el tratado penúltimo, determinaron a sus demarcadores a tenerlo por el río Corrientes, y a ponerle este nombre, cuando, antes de ver al Igatimí, navegaron el Paraguay hasta el Jaurú.

Dicho río, creído Corrientes, es inequivocable por los cerros de Itapucú que tiene inmediatos, y sus cabeceras se hallan, según el mapa de los mismos demarcadores, junto a las del río Monici o Yaguarey, que es más caudaloso que el Igatimí, y emboca dividido en tres en el Paraná por el oeste. De Igurey a Yaguarey hay tan poca diferencia que puede tenerse por yerro del copiante, de la imprenta, o del que hizo el mapa que se tuvo presente para hacer dicho tratado: así es probable que el Igurey es el Yaguarey, pues no hay otro río sobre el Salto del Paraná que condiga en el nombre. En poder de don José Custodio de Saa y Faria se hallan los diarios y mapas de los últimos demarcadores, y el mismo puede certificar que todo lo expuesto es cierto; como también, que dicho río tiene los nombres de Monici y Yaguarey, y no el de Ivinheyma que le dan algunos mapas modernos.

De lo expuesto se concluye, que hay un río caudaloso, vertiente por el oeste en el Paraná sobre el Salto grande, y que condice con el Igurey en el nombre; teniendo sus cabeceras inmediatas a las de otro caudaloso que vierte por el este en el del Paraguay en la zona tórrida, que es la seña que daba el tratado penúltimo para conocerlo; cuyas circunstancias hicieron creer a sus demarcadores que era el llamado Corrientes, y como tal le pusieron este nombre: por cuyos motivos parece que estos dos ríos son los mencionados en el tratado.

En este concepto espero que Vuestra Señoría, como director de la demarcación, me diga si debo sostener que la línea vaya desde el Paraná por el referido Yaguarey, y uniendo sus cabeceras con las del más próximo, que es el que dichos demarcadores creyeron Corrientes, debo bajar por este al río

Paraguay, que es lo que me parece más útil, acomodable y conforme a los dos últimos tratados, sin que puedan los Portugueses exponer razones equivalentes, ni oponerse. Pues esto sería mover disputas sobre lo que no perjudica directamente a sus actuales posesiones, ni a la navegación que hacen por los ríos Tacuarí y Paraguay, ni a sus cultivos, minas, ni pastos; hallándose sus posesiones a enormes distancias ocupadas por bárbaros; y por el contrario, las que tenemos al norte del Ipané necesitan el ensanche que la referida demarcación les proporcionaría, no solo para pastos y yerbales, sino también para comunicarse en lo sucesivo con los Chiquitos, y para otros fines útiles, sin perjuicio de los lusitanos.

Tengo algún antecedente de que mis concurrentes, porque no hallan río llamado literalmente Igurey, quieren por lindero la Sierra de Maracayú, y no el río Igatimí. En realidad, aunque es injusta esta pretensión infundada, me parece que sería conveniente admitirla con tal que conviniesen en que la raya siguiese por la de San José hasta el río Paraguay donde va a besar. Si admitiesen esto, quedarían por nosotros las tierras de los bárbaros Mbayás, nuestros amigos, que son los mejores campos y yerbales de estos países.

Aun en este caso quedaríamos separadísimos de los portugueses, y en nada les perjudicaríamos: pero no creo que convengan en ello. Sin embargo, espero que Vuestra Señoría me imponga de lo que debo hacer en este caso, como del partido que debo tomar en vista de lo que queda referido.

El mapita adjunto impondrá a Vuestra Señoría de todo: en él están los ríos según creo que existen, como también el curso punteado AA, que los demarcadores pasados creyeron tenía el Ipané.

Nuestro Señor, etc.

Señor don José Varela y Ulloa.

XI. Al mismo, sobre el mismo asunto

Asunción, febrero 7 de 1789

En mi carta de 13 del pasado hablé a Vuestra Señoría de las dificultades que hallaba para verificar mis instrucciones, como también de los ríos que me parecen los verdaderos Igurey y Corrientes. Por lo menos no hallo qué pueda oponerse en contrario, sino la razón que determinó a los demarcadores últimos a tomar el río Igatimí por el Igurey: y es la de decir: «Su tratado e instrucciones expresaban que el Igurey era el primero caudaloso sobre el Salto grande del Paraná, cuyas circunstancias hallaron convenir al Igatimí».

No considero esta razón tan fundada como parece, porque la voz caudaloso es muy general, y en sentido riguroso nada expresa, pues que todo río es caudaloso. Además de que, el Igatimí no puede llamarse tal respecto al Yaguarey, que, como dije en mi anterior, condice con el nombre de Igurey, y encabeza con el que dichos demarcadores tuvieron por Corrientes.

La marca más cierta para hallar los ríos Igurey y Corrientes es la de que el último está en la zona tórrida, poco al norte del trópico, y que sus cabeceras están junto a las del río Igurey: esto es lo que exactamente conviene al río que los demarcadores tuvieron por Corrientes, y al Yaguarey y a lo que expresaba el tratado penúltimo, que en esta parte es el mismo que el actual, aunque no explica marcas para conocer dichos ríos, como lo hacia el tratado penúltimo y las instrucciones que lo acompañaron.

También insinué a V. S, mi sospecha de que los portugueses no querían admitir el río Igatimí por lindero; y este correo en carta particular me dice don Diego Alvear, Comisario de la segunda partida, que a pesar de una prolija competencia de cuarenta y seis páginas, letra menuda, su concurrente no había querido admitir por límite el río Igatimí. De manera que si vienen, como se asegura, los que han de obrar conmigo, no sé por donde he de principiar, y será muy escusado que pase yo al Salto grande del Paraná a perder mi gente con las epidemias del clima y las necesidades que acompañan en las largas distancias infestadas de bárbaros y lejos de todo recurso, mientras se declara cual sea el Igurey, o el que deba servir de principio a mis operaciones. Por cuyos motivos considero preciso que Vuestra Señoría me ordene lo que debo de hacer en las circunstancias que se ofrecen, de no saber por donde quieren los portugueses empezar ni concluir mi demarcación.

Nuestro Señor, etc.

Señor don José Varela y Ulloa.

XII. Al virrey, sobre los establecimientos portugueses

Excelentísimo señor:

Asunción, 13 de octubre de 1790

Aunque este gobernador da parte a Vuestra Excelencia del Fuerte de Coimbra y población de Albuquerque, que los portugueses han fundado últimamente en la costa occidental del río Paraguay, me considero obligado a poner en noticia de Vuestra Excelencia algunas reflexiones que me suministran los conocimientos de estos países, para que Vuestra Excelencia las haga saber a Su Majestad; a fin de que, enterado de ellas, pueda deliberar con acierto, y no consigan los portugueses quebrantar el tratado de paz último, en cuanto se opone a la conservación de sus usurpaciones, y nos da facilidad para contener sus progresos.

Por supuesto, que dichos establecimientos, que detallará a Vuestra Excelencia este gobernador, se han hecho injustamente contra lo literal de los tratados, los cuales en sus artículos 9 y 13 dejan expresamente a Su Majestad el dominio perpetuo de dicha costa occidental, y la navegación libre por la boca del río Jaurú.

Estas dos graves usurpaciones con que se han alzado, ponen a los portugueses en proporción de internarse en el Perú, por un paraje donde no tiene el rey vasallos fuertes que puedan contener sus atentados, cuyas resultas precisamente han de ser fatales: y hallándose dichos establecimientos a treinta, o menos leguas de nuestros Chiquitos, con quienes en el día tienen comunicación, podrán en pocos años sonsacar a los infieles indios, y llevarlos a sus minas, que necesitan más brazos de los que tienen. Quizá el motín o alboroto, que se dice acaba de suceder en Chiquitos, no ha tenido otro origen que la sugestión o apoyo de Albuquerque, donde se han refugiado últimamente con buen acogimiento algunos de nuestros Chiquitos, que serán probablemente los delincuentes principales.

Suspendo aquí la relación de los perjuicios que se siguen a nuestra monarquía con dichos establecimientos, para hacer ver las ventajas de que nos privan. El río Paraguay, que es el mejor del mundo para la navegación, nos está abierto desde España, y nos conduce francamente hasta el centro de los minerales portugueses; quienes, conociendo esta ventaja de que ellos carecen, han fundado los mencionados establecimientos que nos la quitan, y con ella el que opongamos a sus rápidos progresos en las minas de Matogroso, Cuyabá y Sierra del Paraguay, que da origen al río de este nombre.

Esta sola consideración basta, para que se solicite por todos títulos que se desamparen dichos establecimientos, que por el tratado están expresamente prohibidos a nuestros fronterizos: y supuesto esto, me detendré un poco en explicar mis ideas, fundadas en los conocimientos geográficos, que hacen ver que no puede el rey oponerse a los progresos portugueses de dichas minas sino por los esfuerzos de esta provincia.

Ningún gobernador concibió esta hermosa y útil idea, hasta el grande don Agustín Fernando de Pinedo, quien sin lamentos ni auxilios tuvo atrevimiento para ponerla en práctica, acopiando gentes, y embarcándose con ellas en 1773, para fundar un fuerte y población donde hoy están Coimbra y Albuquerque. Pero fue tan pertinaz y obstinada la oposición que lo hizo este Cabildo y sus Diputados, que le obligaron a quedar bajo el trópico, donde fundó la villa de la Concepción, que ha dado el ser a esta provincia, extendiendo su población ocho veces más de lo que era, por la parte del norte.

Siguiendo la idea y el ejemplo, del señor Pinedo, y desalojados los mencionados establecimientos, podríamos y debíamos poblarnos hacia los mismos lugares que nos pertenecen por los tratados: cosa que no es tan difícil como cuando la intentó dicho Señor, respecto a que tenemos escala en dicha Concepción, que se halla casi en la mitad de la distancia, y la provincia está mucho más rica y poblada.

Hecho esto, podríamos poner en dichos lugares, en cuarenta días desde esta capital, los géneros comerciables, en goletas y balandras, iguales a las que trajinan en ese río de la Plata, y venderlos a los mineros portugueses un 60 o 100 % más baratos que lo que hoy los tienen conducidos desde Santos por San Pablo y los ríos Tiete, Pardo, Tacuarí y Cheané, que están tan llenos de arrecifes y saltos, que se tarda en su viaje cinco meses, y se descarga y lleva a hombros la carga y canoas multitud de veces: y además solo pueden trajinarse en invierno, porque no hay agua en otro tiempo, ni aun en él se hace sin escolta que los liberte de los insultos de los bárbaros.

Este comercio no podría introducirnos sino oro y diamantes, porque dichas minas no producen otra cosa, ni tienen fábricas, ni más frutos que los que aquí sobran. Los ganados valen allá veinte veces más que aquí; la sal de que abundamos, la tienen ellos estancada, porque no la produce el Brasil; los negros valen lo que esta provincia, y los géneros de Europa los tenemos a precios mucho más cómodos según he dicho.

Verdad es que el contrabando está prohibido por los tratados; pero en disimularlo un poco no se haría otra cosa que jeque hacen los jefes portugueses de río Grande, y en todas las partes u ocasiones que pueden y han podido. Pero cuando nuestra honradez y buena fe sean, como son tan escrupulosas, que no admitan esta moderada represalia, el destruir dichos Coimbra, Albuquerque, y demás poblaciones que habrá más al norte en parajes prohibidos, y el acercarnos con presidios y poblaciones a tomar el olor de dichos minerales, es absolutamente indispensable para observar y contener de cerca a los portugueses en la paz, y atacarlos en tiempo de guerra.

Los Paraguayos, establecidos donde yo deseo, podrán llenar este objeto de dos modos infalibles: el primero es, situando una balandra armada en la boca del río Tacuarí, o del Cheané que vierte en el del Paraguay, con lo que quedará prohibido el comercio con San Pablo, y se apresará el convoy de canoas, que son las únicas embarcaciones que pueden oponer los portugueses, porque sus ríos no permiten otra cosa.

El segundo modo de destruir dichos minerales en tiempo de guerra, es atacándolos abiertamente con la esperanza de que no puedan resistir, respecto a que, estando atestados de esclavos y gente de castas oprimidas y noveleras, estas alzarían el alfanje por nuestra causa y su libertad. Además de que, apostando una goleta o dos hacia la barra del Jaurú, no podrían socorrerse unos establecimientos a otros, y ninguno podría esperar auxilios de las demás capitanías.

Además de todo lo referido, estableciéndonos en dichos parajes, tendríamos franca la comunicación con nuestros Chiquitos, y con facilidad se reducirían los laboriosos y dóciles Guanás y los Mbayás; logrando otras ventajas que no me detengo en referir, limitándome insinuar mis ideas para que Vuestra Excelencia dé cuenta de ellas, y de lo demás que halle conveniente, a Su Majestad.

Nuestro Señor, etc.

Excelentísimo señor don Nicolás de Arredondo.

XIII. Al mismo, para que haga retirar las partidas

Excelentísimo señor:

Asunción, 13 de febrero de 1791

El celo de los reales intereses me precisa a insinuar a Vuestra Excelencia algunas reflexiones que agitan mi espíritu con mayor viveza en estos últimos tiempos. Yo, señor, considero el trozo de línea divisoria que me está asignado, no puede principiarse a demarcar hasta que quede acordado cuales ríos son los Igurey y Corrientes, que, en mi juicio, son los Yaguarey o Monici, y el que creyeron Corrientes los demarcadores pasados, cuando subían para el Jaurú, según lo hice entender al señor don José Varela, y este a Vuestra Excelencia. Este punto, para nosotros muy interesante, será muy contestado de los portugueses, y pasarán quizás años antes que se decida.

Por otro lado, las usurpaciones portuguesas al oeste del río Paraguay, en sus establecimientos de Coimbra, Albuquerque y otros que ignoramos, suscitarán mil controversias morosas: porque este punto es tan interesante, como lo hice presente a Vuestra Excelencia en 13 de octubre último.

El astrónomo, o geógrafo, que esperan en dicho Coimbra, supongo que será con el fin de levantar la carta de dichas usurpaciones, para remitirla a su Corte e ilustrarla: todo lo cual requiere mucho tiempo, y me hace creer que está muy distante la verificación de mi línea divisoria.

En este concepto, me parece que podrían ahorrarse los sueldos y gratificaciones de estas partidas, mandándolas retirar a esa, donde, cuando las cosas estuviesen corrientes, podrían formarse de nuevo en pocos días, y despacharse a sus destinos a los que llegarían antes del tiempo preciso, para acopiar las mulas y demás necesario a la demarcación.

Propongo, esto a Vuestra Excelencia, pero como ignoro las ideas de nuestra Corte, y lo que ofrecen los portugueses relativo al tiempo de salir a demarcar, temo que podrá ser mi propuesta no admisible. Vuestra Excelencia a quien consta todo lo que hay sobre la materia, podrá resolver lo que fuere conveniente.

Nuestro Señor, etc.

Excelentísimo señor don Nicolás de Arredondo.

XIV. Al mismo, sobre la demarcación

Excelentísimo señor:

Asunción, 13 de abril de 1791

He recibido la de Vuestra Excelencia de 13 del pasado, en que me dice, que podré descubrir las ideas de los portugueses, hablando con sus comisarios, y que en consecuencia sabré promover los puntos con conocimiento de los tratados.

Habiéndome enterado de todo, es preciso decir a Vuestra Excelencia que extrajudicialmente sé, que por orden de Vuestra Excelencia, o de su antecesor, se ha solicitado de los lusitanos, que componen la segunda partida de demarcadores, dos cosas, a saber: la primera, que admitan en la demarcación el río Igatimí por el que el tratado llama Igurey, según está aprobado por Su Majestad y mandado al antecesor de Vuestra Excelencia por el señor don José de Galves, en 6 de junio de 1778, cuando se ignoraba la existencia del río Yaguarey, la segunda es, que se señale por lindero dicho Yaguarey, o Monici, que hoy llaman los lusitanos Ibinheyma, tomándolo por el Igurey del tratado.

Aunque sé las razones que nos favorecen para solicitar uno y otro, ignoro el estado de ambas controversias y la opinión de Vuestra Excelencia sobre el particular, que quizá podrá llegar a mi noticia, antes que yo trate con los portugueses. Pero si no sucediese así, mis primeras conferencias se dirigirán a solicitar por lindero dicho Yaguarey que vierte en el Paraná en su costa occidental, tornándolo por el que el tratado llama Igurey, y a que desde sus cabeceras se busque la principal de otro río que vierta en el del Paraguay por el este.

Si los lusitanos, como lo presumo, no acceden a ello, admitiré al río Igatimí por lindero y por el Igurey del tratado, y desde sus cabeceras trataré de dirigir la línea hacia el norte, hasta hallar las de otro río que cubran nuestros pueblos de Belén y Concepción con sus pastos y yerbales, y de que bajemos, demarcando su curso hasta el río Paraguay.

Siendo esta mi primera propuesta que haré a los Portugueses sobre el río Yaguarey, mucho más fundada, ventajosa y de la mayor consecuencia, según se deja entender de lo que escribí a Vuestra Excelencia el 13 de octubre de 1790, no me resolvería a demarcar el Igatimí por lindero: y, a no poder más, tomaría el expediente de hacer ínterin un mapa de ambos ríos para que las Cortes decidiesen. Pero si los portugueses instan por el Igatimí, tendré que admitirlo contra mi dictamen, porque tengo orden para ello del señor don José Varela, mi comisario director, cuya copia incluyo, como también de las consultas que le hice sobre el asunto, en las que verá Vuestra Excelencia las razones que tenía y tengo para promover con toda justicia que el Igurey del tratado es el Yaguarey, o Monici. La angustia del tiempo no me ha permitido incluir un mapa que exprese el curso de los ríos Igatimí, Yaguarey y el que encabeza con este. que, según creo, es el que los últimos demarcadores creyeron Corrientes: pero como el señor don José Custodio de Saa y Faría tiene una copia de él, podrá verla Vuestra Excelencia.

Cuando consulté a dicho señor Varela, creía que las cabeceras más inmediatas a las del río Igatimí, llamadas Aguaray, vertían en el río Xejuí, y no en el Ipané: pero otras noticias posteriores me persuaden que dichas cabeceras vierten en el Ipané, según lo creyeron los demarcadores pasados.

Si el comisario portugués no quiere admitir dicho Yaguarey, ni el Igatimí, no sería dable tratar de demarcación: porque no habiendo ríos que literalmente tengan los nombres de Igurey y Corrientes, será en vano buscarlos, e imposible empezar y seguir.

En las instrucciones, que dicho señor Varela me dio para la demarcación, dice: «Que mientras don Juan Francisco Aguirre, jefe de la 4.ª partida, se mantenga incorporado con la de mi mando, que yo lleve la voz, y arregle lo que pertenezca a ambas». Puesto yo en Curuguatí, ya me debo considerar separado de dicho Aguirre, y por consiguiente sin facultad de tratar con los portugueses lo perteneciente a dicha 4.ª partida. No obstante, atendiendo a que dicho Aguirre, irá conmigo a Curuguatí, y a que probablemente mi concurrente portugués será el que ha de dirigir la línea asignada a dicho Aguirre, si el comisario portugués exige de mí contestaciones sobre ella, condescenderé, aunque ignoro como acertar. Pero, mientras Vuestra Excelencia no diga lo contrario, fundándome en lo literal del tratado, solicitaré antes todas cosas, que los lusitanos desamparen los fuertes o poblaciones de Coimbra, Albuquerque y demás que acaso tendrán al occidente del río Paraguay, como que son usurpaciones; y cuando no lo fuesen, se deben tener por expresamente cedidas en el último tratado, que claramente nos deja, lo que cae al oeste de dicho Paraguay hasta el Jaurú, con la navegación libre de aquel: de modo que la posesión anterior al tratado no puede prevalecer contra lo que claramente está estipulado, según lo dijo el señor Conde de Floridablanca en su declaración a la consulta sobre los yerbales de Misiones.

Si no acceden a ello los portugueses, lo advertiré a dicho Aguirre, para que no emprenda su demarcación sin que primero evacuen, o por lo menos prometan evacuar dichas poblaciones en el término de seis meses, poco más o menos: pues será quimérico enviar la 4.ª partida a demarcar el río Paraguay, según el artículo 9 del tratado, dejando ambas costas pobladas y poseídas por portugueses, y nuestra navegación impedida.

Por lo tocante al trozo de línea desde el Jaurá al Guaporé, ninguna noticia tengo de aquellos países; y si los portugueses me suscitan pretensiones sobre el particular, suspenderé la contestación hasta que Vuestra Excelencia disponga en vista de lo que halláre el señor Aguirre, puesto en aquellos países.

He dicho lo que me parece que debo hacer y haré, esperando que Vuestra Excelencia, a quien daré parte de cuanto ocurra, me comunique sus determinaciones.

Nuestro Señor, etc.

XV. Al mismo, sobre la salida de la Asunción

Excelentísimo señor:

Ut supra

Este señor gobernador Intendente me ha copiado la de Vuestra Excelencia, en que le ordena la habilitación de estas partidas para sus destinos. Según las providencias que ha dado, y las instancias que hago a mi Ministro de Hacienda, espero salir de esta el 1.° del que viene, y llegar a Curuguatí en un mes. Verdad es que todo se precipita, y no llevamos lo que se considera preciso: mucho menos de plata, pues que dicho gobernador no nos da sino 4.000 pesos, cuando los sueldos de seis meses ascienden a 14.000 pesos. Pero en el tiempo de las conferencias podrá irse aprontando, porque es creíble que, cuando los portugueses han solicitado la villa de Curuguatí para punto de reunión, vendrán con ánimo de solicitar muchas contestaciones, que procuraré reducir a expedientes interinos, según lo ordena el tratado, a fin de abreviar el tiempo y los gastos.

Nuestro Señor, etc.

XVI. Al mismo, sobre el viaje do Curuguatí

Excelentísimo señor

San Joaquín, 29 de mayo de 1791

Hace algunos días que estoy en este pueblo, distante 20 leguas de la villa de Curuguatí, esperando que se prepare el camino para andarlas: pero como los portugueses no parezcan, ni creo que lleguen a dicha villa en muchos días, porque el río Igatimí que han de navegar tiene poquísima agua, sigo mi viaje con pausa, porque lo mismo es esperar aquí que en Curuguatí, y los animales descansan.

Nuestro Señor, etc.

XVII. Al mismo, sobre la demarcación

Excelentísimo señor:

Curuguatí, 20 de junio de 1791

Recibí la de Vuestra Excelencia de 13 del pasado, con la copia de la que Vuestra Excelencia escribió al señor virrey del Brasil, el 10 de marzo de 1790. Ambas me imponen de las ideas de Vuestra Excelencia y del jefe portugués, que aunque opuestas entre sí, no son acordes con mi modo de pensar, que me precisa a decir el amor a la Patria y a la justicia, y el empleo de jefe de la tercera división de demarcadores: mucho más, siendo mi demarcación, en mi juicio, el negocio más grave que puede ocurrir en el virreinato. Y como no sé decir muchas y gravísimas cosas en pocas palabras, suplico a Vuestra Excelencia disimule lo dilatado de esta carta.

El Excelentísimo señor don Juan José de Vertiz, luego que recibió el tratado último de límites, se informó del sujeto más instruido, que era el Brigadier don José Custodio de Saa y Faria, quien le dijo, que no podía verificarse el artículo 9, porque no existían ríos con el nombre de Igurey y Corrientes, que son los límites que fija dicho artículo. Díjole también, que el tratado penúltimo asignaba los mismos ríos, y que, como los demarcadores no los hallasen, se convinieron las Cortes en subrogar en su lugar los ríos Igatimí e Ipané-guazú.

Estas noticias comunicó el señor Vertiz a Su Majestad, proponiendo la subrogación mencionada, que admitió el rey de acuerdo con el de Lisboa, expidiendo la real instrucción de 6 de junio de 1778. En ella se lee que: «Juntas en la boca del Igatimí las dos mitades de la subdivisión española y portuguesa, han de empezar en este su demarcación, tomándolo por límite; pues no hay río alguno que se conozca en el país con el nombre de Igurey, y el Igatimí es el primero caudaloso que entra en el Paraná por su banda occidental, pasado su Salto grande. Subiendo a su origen, se ven no distantes de él las vertientes de otro río que, corriendo al poniente, desemboca en el río Paraguay, en que es conocido con el nombre de Ipané: el cual deberá tomarse por límite, por no hallarse por esta parte río alguno que tenga el nombre de Corrientes». Estas literales cláusulas hacen ver con claridad que Sus Majestades Católica y Fidelísima admitieron la propuesta subrogación de ríos, no absolutamente, sino por lo que se les informó, y en el supuesto de no existir los ríos Igurey y Corrientes.

A esto alude el virrey portugués cuando dice a Vuestra Excelencia, que dicha real instrucción de 6 de junio es supuesta e ilusoria; que no han convenido las Cortes en señalar el Igatimí e Ipané; que dicha instrucción es condicional, etc.: pues todo ello no significa otra cosa, sino que dicha instrucción se expidió en virtud de la aserción de dicho don José Custodio, que dijo no haber ríos llamados Igurey y Corrientes; siendo así que el virrey del Janeiro cree que los hay, y que dicha instrucción admite el Igatimí bajo la condición de que no hay Igurey: y por consiguiente, siendo el supuesto, o condición falsa, no debe tener lugar la instrucción, sino lo literal del tratado, que no ha sido anulado por la instrucción, si no suplido, por cuanto se creyó que tenía un defecto que no tiene.

No puedo ocultar a Vuestra Excelencia que mi sentir es el del virrey lusitano, en cuanto a que dicha instrucción envuelve la condición de no existir los ríos Igurey y Corrientes, y en que, si los dos o uno de ellos se hallase, debemos preferirlo con el tratado a la mencionada instrucción; reputando a esta como expedida bajo un supuesto falso y para en caso que no sucede, dejándola en lo demás en su vigor.

En efecto, existe el río Igurey en el concepto del virrey portugués y en el mío, aunque discordamos en cual sea. Bajo de este supuesto, es forzoso que yo oiga a mi concurrente, para saber cual es su Igurey y las razones en que funda su creencia: y que él me oiga y entienda cual es mi Igurey, y mis fundamentos para tenerlo por tal y por el del tratado. Hecho esto, será justo que la parte infundada ceda, y si ambas lo fueren, será el caso de dicha instrucción.

Presumo que el Igurey que pretenden los lusitanos, es el Arroyo Garey que entra en el Paraná por el occidente, bajo del Salto grande, y que se fundan únicamente en la semejanza del nombre: pero no tienen razón, respecto a que los Reyes hicieron el tratado o contrato penúltimo en la segura creencia y convenio de que el río Igurey, sea el que fuere, se hallaba sobre el Salto grande del Paraná; y sin más motivo que estar dicho Garey bajo del Salto, se despreció en dicha demarcación, según consta expresamente del diario de sus comisarios.

El tratado último se hizo bajo del mismo concepto, según se ve, en que nombra a los mismos ríos, y en que dicha instrucción de 6 de junio dice que: «por no hallarse río con el nombre de Igurey, se subrogue el Igatimí, por ser el primero caudaloso sobre el Salto grande». De forma que, hallándose informadas las Cortes de no existir el Igurey, aclararon su intención, diciendo, que el río de la demarcación debía estar sobre dicho Salto, y que por tener esta circunstancia, y no otra, el Igatimí se subrogaba al Igurey.

Además de que, también quieren Sus Majestades, y lo explican en el tratado, que la demarcación no siga cualquier río como el Garey, sino los muy caudalosos e inequivocables. Por otro lado, el río cuyas cabeceras estén más próximas a las del Igurey, sea el que fuere, debe desembocar en el del Paraguay, dentro del trópico, o en la zona tórrida. Así lo explicaron los Reyes en las instrucciones dadas a los respectivos comisarios pasados, y las del río o Arroyo Garey están más próximas a las del río Xejuí que vierte en el del Paraguay, en los 24° 12' de latitud austral, esto es, muy fuera del trópico, y deja a la parte del norte nuestros pueblos de Iquamandiyú, Concepción, Belén y Tacuarí, con los mejores yerbales de esta provincia.

El río que no dudo que es el asignado con el nombre de Igurey en los tratados penúltimo y último, es el río Yaguarey o Yaguarí, que también tiene los nombres de Monici e Ibinheyma, y desagua en el Paraná por la ribera occidental, hacia la latitud de 22°1/2, sobre el Salto grande del Paraná. Dicho Yaguarey es mucho más caudaloso que los Garey, Igatimí y Amambay, por consiguiente más adecuado para límite, sin que pueda equivocarse: porque, sobre ser muy conocido, es el único que entra en el Paraná por tres bocas. Además de que, de Yaguarey a Igurey hay tan poca distancia y tanta identidad, que puede y debe tenerse por yerro del que copió los tratados o el mapa que se tuvo presente para hacerlos. En efecto, es fácil conocer que la voz Igurey está alterada y corrompida, pues no es significativa en Guaraní, cuando las de Yaguarey y Yaguarí lo son, y muy castizas.

Las cabeceras de dicho Yaguarey o Yaguarí, según los diarios y mapas de los demarcadores últimos, son las más próximas a las de otro río muy caudaloso que vierte en el

Paraguay por su costa oriental, en la zona tórrida, hacia la latitud de 22° 4': cuyas circunstancias, y otras combinadas con el tratado penúltimo y con las instrucciones acordes de sus respectivos comisarios, determinaron a estos, sin que en ello tuvieran controversia ni duda, a creerlo por el que el tratado llamaba Corrientes, y a expresarlo con este nombre en su mapa de la demarcación, cuando, antes de ver el río Igatimí, demarcaron el río Paraguay hasta el Jaurú. Este río, creído Corrientes, tiene además las circunstancias de grande caudal, y de ser inequivocable, porque entra en el del Paraguay, junto a unos cerros, que dichos demarcadores llamaron Itapucú.

Agrégase a lo dicho, que el Yaguarí, y el que tiene sus cabeceras más próximas a él, vertientes al río Paraguay, cubren perfectamente los establecimientos y navegaciones de ambas Coronas, quedando distantes de ellas las poblaciones españolas, y más las portuguesas.

Todo lo dicho es lo más conforme a la intención de los Soberanos, lo más fundado en sus órdenes, instrucciones y tratado, y consta de los diarios y mapas de la demarcación última, cuyos originales solemnes, firmados por los respectivos comisarios, y aprobados por ambas Cortes, paran en los archivos de estas, a que me refiero: limitándome a incluir copia de un pedazo del mapa de la demarcación última, para mejor inteligencia de lo que he dicho. De modo que, ningún hombre justo se separará de cuanto digo, ni dudará que el río Yaguarí tiene todas las señales, sin faltarle una, de ser el que Sus Majestades indicaron con el nombre de Igurey, y de ser el mismo que tuvieron presente para hacer dichos tratados.

Bien sé que se ha solicitado con empeño de los portugueses que admitan el Igatimí, en virtud de la instrucción acordada por ambas Cortes, el 6 de junio. También me persuado que alguno ha sabido persuadir a Vuestra Excelencia esta idea, pues que Vuestra Excelencia me ordena que demarque los ríos Igatimí e Ipané: pero yo no tengo la culpa de que, por falta de buenas noticias, se haya solicitado lo que nos perjudica infinito, y a mi ver, es contra las reales órdenes y instrucciones que tengo, pues todo se ha hecho sin mi noticia: siendo así, que se debe suponer que yo soy el más instruido en este punto. Tampoco está en mi mano el que yo entienda la real instrucción citada con la claridad que he hecho ver, y como subordinada al tratado, ni que otros la entiendan como absoluta, siendo condicional y sin perjuicio del tratado: pues que no admite la subrogación de los Ipané e Igatimí sino bajo del falso supuesto de que no existen los Igurey y Corrientes; pero si estos existen, como lo he hecho ver, debe prevalecer el tratado sobre ella. Para que Vuestra Excelencia se convenza mejor de esto, baste decir, que tengo orden de Su Majestad, comunicada por el señor conde de Floridablanca al señor don José Galves, y por este al señor don Juan José de Vertiz, el 7 de abril de 1782, en la que se da preferencia al tratado.

La circunstancia de jefe de la 3.ª partida me obliga a decir a Vuestra Excelencia, que, según la real instrucción de 6 de junio, no puedo demarcar el río Igatimí, como se me manda, sino en el caso de no hallar el río Igurey que en mi juicio existe: y en cuanto al Ipané, tampoco puedo admitirlo en ningún caso. Para que Vuestra Excelencia se entere de mi razón, y de que le han informado mal los que han contribuido a que Vuestra Excelencia me ordenase demarcar el Ipané, ha de saber Vuestra Excelencia que, cuando se propuso a Su Majestad la subrogación de los ríos Igatimí e Ipané en lugar de los Igurey y Corrientes, se creía que los portugueses poseían el Igatimí, y no era así; y se ignoraba que teníamos dos pueblos al norte del Ipané, de quienes se tuvo después noticia: y, viendo que quedaban por los portugueses si se cumplía dicha real instrucción, dirigiendo la línea por el Ipané, se hizo nueva consulta al rey sobre esto y unos yerbales de Misiones, a que Su Majestad contestó con la orden citada de 7 de abril de 1782, poniendo notas al tratado; y en la del artículo 8.º dice, que «bien claro es que en el artículo 8.º no se ceden los pueblos de españoles y indios (esto es Concepción y Belén) que cita el Brigadier Saa»: que es lo mismo que decir que no puede ir la línea por el Ipané. Esta orden, que se me ha mandado observar, y esclarece este y otros puntos, es la postrera sobre estas materias, y me persuado que Vuestra Excelencia no la tuvo presente cuando me mandó tomar por límite al Ipané, creyendo al parecer que dichos pueblos debían tenerse por cedidos en favor de la demarcación.

En cuanto a la importancia del asunto, debo informar a Vuestra Excelencia que de demarcar los Igatimí e Ipané en lugar del Yaguarí y el que lo encabeza, hay 30 leguas de latitud, y 3°1/4 de longitud, según se ve en el mapa adjunto. Que si la línea va por los dos segundos, quedarán por nosotros los mejores y más abundantes minerales de hierba con las mejores tierras que hay desde allí al Río de la Plata; que tendremos franca la comunicación del Perú por los Chiquitos, y finalmente, extendiéndonos hacia el norte, quizás no pasarán muchos años sin que esta provincia posea a Cuyabá, Matogroso y los diamantes de las cabeceras del río Paraguay. Todo lo contrario sucederá si la línea va por el Igatimí o Ipané; y para no dilatarme suplico a Vuestra Excelencia tenga presente mi carta de 13 de octubre de 1790.

En vista de todo lo expuesto, me veo precisado sin arbitrio a solicitar de mi concurrente que demarque dicho Yaguarey o Yaguarí, y el que encabezase con él y vierta en el río Paraguay, respecto a que, siendo lo que quieren los Soberanos, y los que el tratado llama Igurey y Corrientes, no pueden ser subrogados con otros. Así, si se me propusiese o mandase demarcar el Igatimí u otro Igurey bajo del Salto grande del Paraná, no los admitiré por las razones expuestas: y si no hiciesen fuerza, solicitaré el expediente interino de que habla el tratado, que no puede ser otro que hacer el mapa de los ríos cuestionados, para que los Reyes decidan en su vista como dueños, en fuerza de las razones en que se apoyaren los dictámenes. Pero si los lusitanos no acceden a demarcar el Yaguarey y su concabezante, ni tampoco al expediente interino, me será muy sensible, porque habré de morir en el desierto, causando graves costos al erario, sin poderlo remediar.

Para abreviar las cosas, sería conveniente que Vuestra Excelencia enviase al rey esta carta y la de 13 de octubre último, para que se solicitase de Lisboa que sus comisarios accedan a lo justo, o por lo menos que accedan a un expediente interino.

Doy a Vuestra Excelencia las gracias, porque me ha dispensado de tratar con los portugueses lo perteneciente a la demarcación de don Juan Francisco Aguirre; y en cuanto a no permitir que los portugueses hagan exploraciones de nuestras tierras, haré cuanto esté de mi parte, según Vuestra Excelencia lo dispone.

Nuestro Señor, etc.

XVIII. Al mismo, dándole aviso de haber llegado a Curuguatí

Excelentísimo señor:

Curuguatí, 20 de junio de 1791

Llegué el 12 del presente a esta villa, venciendo muchos tropiezos, pues tuve que abrir casi todo el camino desde Carayao en adelante, por no ser propio para las carretas.

No hallé aquí noticia de los portugueses, ni hasta ahora la hay, siéndome muy sensible esta y cualquiera demora.

Nuestro Señor, etc.

XIX. Al mismo, para que se retiren las partidas

Excelentísimo señor:

Curuguatí, 30 de julio de 1791

Se pasó el tiempo en que ofrecieron llegar a esta los portugueses, y dos meses más sin que puedan disculpar tanta demora con el pretexto de malos tiempos, ni otros acaecimientos del viaje. Por otro lado, el temperamento del Igatimí es mortífero en los últimos y primeros meses del año; y no ignorando ellos esta circunstancia, es creíble que no parecerán en el presente ni en los principios del año de 1792.

Ya no sé que ideas puedan tener los lusitanos para haber tardado los años de la vida de un hombre en resolverse a decirnos que vendrán: y después que lo han dicho, temo que ha de pasar el siglo presente sin que parezcan por acá.

Dejo a parte lo sensible que me es la consideración de que pasó la mejor parte de mi vida, y los años más útiles de ella en este destierro, viendo que he de acabar el resto de mi existencia inútilmente, o habré de pedir mi retiro de esta veterana partida, porque los hombres no son eternos; y solo traigo a la consideración de Vuestra Excelencia los costos que sufre el erario, mayormente ahora que se están manteniendo muchos peones en el apronto y custodia de los auxilios que pidieron los portugueses, y los que por nuestra parte están prontos para hacer una demarcación que tiene traza de no principiarse.

En el presente fatal aspecto de las cosas es casualidad el acertar a veces me determino a proponer a Vuestra Excelencia que se retiren los auxilios que pidieron los portugueses y se hallan en el camino de Igatimí, despidiendo los peones que los atienden, haciendo lo mismo con los míos: pero hallo el inconveniente de que si llegan los lusitanos se hallarán a pie y los recursos muy distantes. Otras veces me ocurre por mejor, retirar mi partida y deshacerla, para evitar sueldos, según solicitó de Vuestra Excelencia el 13 de febrero de este año, y esto es lo que tengo por más acertado, fundándome en que esto mismo acaban de hacer los portugueses, según me avisa don Antonio Álvarez desde Chiquitos, y lo que me escribe don Diego Alvear haber oído a sus concurrentes, que solo vendrá al Igatimí la división que debe obrar con don Juan Francisco Aguirre.

Bien veo que solo un hombre instruido en lo futuro puede disponer lo conveniente, y que si se retira y deshace mi división, y llegan los portugueses, sentirán hallarse sin concurrentes: pero si no vienen, o vienen solo los del señor Aguirre, es claro que el principio de mi demarcación se dilatará muchos años creciendo a proporción los costos, y haciéndose preciso entonces que venga otra división joven a reemplazar esta, que solo por anciana será acreedora a su relevo.

Vuestra Excelencia con mayores luces podrá determinar si he de licenciar mi partida en caso que no parezcan los portugueses en agosto y septiembre, o cuando parezcan solo los que han de trabajar con Aguirre. En todo caso, si Vuestra Excelencia lo dispone lo contrario, no pareciendo los lusitanos en dicho tiempo, retiraré los auxilios que se les tiene prontos en el camino de Igatimí, y toda mi partida a la Asunción, reuniendo la animalada en la estancia más próxima que pueda a esta villa: pues de este modo se ahorrarán 6.000 pesos anuales, y se conservarán los animales, que mueren a los seis u ocho meses en estos lugares.

Nuestro Señor, etc.

XX. Da cuenta de la retirada de Curuguatí

Excelentísimo señor:

Asunción, 19 de septiembre de 1791

Luego que recibí la de Vuestra Excelencia de 18 de julio último, en que me comunica que los lusitanos estaban detenidos en San Pablo, sin dar para ello otro motivo que la enfermedad de un astrónomo que había pasado a curarse al Janeiro, resolví regresar a esta capital, y lo verifique felizmente en once días con toda la gente y animales.

Tomé esta resolución, fundado en que la animalada empezaba a perecer en aquella tierra, donde no pueden vivir si no seis u ocho meses; en que con mi retiro se ahorran 600 pesos mensuales en sueldos y raciones de peones y capataces; en que los portugueses, que conocen mejor que nosotros que el Igatimí es pestilencial en los últimos y primeros meses del año, no han de venir a lo menos hasta el mayo próximo, y en mi juicio en muchos años, o hasta que se decida cual es el verdadero Igurey; y finalmente me fundo en que, habiendo ya dejado en Curuguatí todos los artículos de almacén que pueden entorpecer mi marcha, podré transferirme a dicha villa en el tiempo que los portugueses, desde Igatimí, en caso que pareciesen, que es cosa que miro muy distante: y lo indica el decir, que ha pasado al Janeiro, con el fin de curarse, el astrónomo; siendo así que pudiera más bien decirse que va a buscar la muerte, porque San Pablo es el país de la salud, como el Janeiro de la enfermedad. El no indicar su reemplazo, el no salir el astrónomo sano, ni hablar a poco más o menos de cuando saldrían, todo significa, y da a entender, los años que faltan para que lleguen a estos países. ¡Ojalá salga errada esta profecía! que en mi juicio es tan cierta como la que hice antes de salir de esa para este destino, oponiéndome fuertemente a que viniesen estas divisiones al Paraguay a esperar años, y causar grandes costos, según les consta a los señores, don Juan José de Vertiz y don Francisco de Paula Sanz.

No se me oculta que, en el orden regular del servicio, debiera yo esperar orden de Vuestra Excelencia para retirarme: pero, de haberlo verificado, hubiera sido preciso esperar tres meses, en cuyo tiempo me hubiera quedado sin animales, se hubieran gastado al pie de 2.000 pesos, y se hubiera privado a la Provincia del trabajo de la peonada, y a las mujeres e hijos, de maridos y padres, cuyos perjuicios no quise que gravasen mi conciencia. Por cuyas consideraciones espero que Vuestra Excelencia apruebe mi resolución ejecutiva, y de lo contrario disponga: pues, como he dicho, en pocos días volveré al lugar que dejé.

Nuestro Señor, etc.

XXI. Sobre la demarcación

Excelentísimo señor:

Asunción, septiembre 19 de 1791

Recibí la de Vuestra Excelencia de 18 de agosto, en que da recibo a la mía de 20 de junio último, la cual no pierde un punto de su fuerza, aunque haya en ella alguna natural equivocación en el motivo que causo la expedición de la real instrucción de 6 de junio de 1778.

Me dice Vuestra Excelencia que es más fácil para nosotros sostener que el Yaguarey es el verdadero Igurey, que el Iguary de D'Anville para los portugueses: sobre lo cual tiene Vuestra Excelencia mucho juicio, toda la justicia y la razón. Yo soy de sentir que lo más útil, expedito, fundado y conforme al tratado, es sostener dicho Yaguarey, y que el empeñarnos en solicitar los Igatimí e Ipané no puede sostenerse en el tribunal de la justicia, aun cuando tengan y confiesen los lusitanos la mencionada instrucción de 6 de junio. Hablando ingenuamente comprendo, que si los portugueses estuviesen bien impuestos en sus intereses y en las razones que las apoyan en esta parte, hubieran desde luego admitido y solicitado lo mismo que nosotros hemos exigido de ellos, que es la demarcación de los Igatimí e Ipané, que es la más perjudicial, y en el día destructiva, de esta provincia: y cuando no quisieran esto, pudieran con solidísimos fundamentos repugnar dichos ríos, sin que por nuestra parte se pudieran sostener. Por lo menos yo no hallo respuesta a las razones que ellos puedan dar, y no han dado todavía, según creo, en apoyo de su repugnancia a los Igatimí e Ipané.

Vuestra Excelencia con más juicio y conocimiento resolverá lo que conviene, y en mi juicio es, sostener el Yaguarey sin solicitar, nombrar, ni admitir los Igatimí y Ipané, ni tratar de la referida real instrucción, que para nada es menester en mi demarcación. Si, como parece regular y está mandado en las instrucciones que tenemos, don Diego Alvear solo hubiese tratado de la demarcación hasta el Salto grande, dejando para mi todo lo concerniente al Igurey que me está asignado; o si, cuando se empezó a tocar este punto con los portugueses, se me hubiese dicho alguna cosa, como parecía preciso, respecto a que estoy en proporción de instruirme más que otro en el asunto, creo que las disputas estarían acabadas;

que se hubiera sostenido desde el principio lo que era justo y ventajoso, y que se hubiera obrado con más instrucción. Pero como considero que hubo grave causa para exonerarme de la controversia del Igurey, y para ocultármela, me resigno con el poco concepto que merecí en dicha ocasión.

Nuestro Señor, etc.

XXII. Sobre volver a Curuguatí

Excelentísimo señor:

Asunción, 19 de octubre de 1791

Recibí la de Vuestra Excelencia de 13 de septiembre último, en que suponiéndome en Curuguatí me dice, que en caso de no haber parecido los portugueses en Igatimí, que no haga retirar mi división, ni otros auxilios que los que puedan padecer deterioro por su existencia allí, y no hagan falta para el transporte, de los portugueses desde dicho río; y que vea que se depositen a la menor distancia, en que puedan libertarse de demérito, pues de retirarlos a la Asunción se seguirían demoras y costos.

Por lo que hace a mi partida, nada de cuanto hay en ella pueda padecer deterioro por estar en Curuguatí, sino los animales: pues, aunque los demarcadores consuman lo mismo allá que aquí, para subsistir en Curuguatí se necesitan peones, capataces y animales, sin que las raras circunstancias del país permitan dispensa en esto: aquellos comen, y estos perecen a los pocos meses, sin arbitrio en aquellas tierras, y harán falta cuando se necesiten, sin que quizás tengan reemplazo cómodo. En este concepto, y el de que la estación de la partida en dicha villa no puede tener otra utilidad en caso alguno que la de que no esperen los portugueses doce días, y de que los perjuicios serían gravísimos, me resolví a regresar, según dije, a Vuestra Excelencia el pasado.

No obstante, como el contesto de Vuestra Excelencia me haga sospechar que mi retirada de Curuguatí no habrá sido de su agrado, y debiéndome arreglar a las disposiciones de Vuestra Excelencia aunque me parezcan diferentes de mi modo de pensar, dispondré mi vuelta a Curuguatí luego que en el próximo correo reciba la orden. Pues, aunque me sea sensible no haber acertado con el concepto de Vuestra Excelencia, me consolaré con haber hecho lo que me pareció que debía, exonerando mi obligación y conciencia, y con ver que el yerro de no haber esperado la orden para mi retirada se enmendará volviendo, sin que mi proceder haya perjudicado a la demarcación, antes bien, habrá ahorrado algunos pesos y animales a la real hacienda.

Por lo demás, como nadie es tan práctico en la provincia como yo que miro las cosas con todo el celo y reflexión de que soy capaz, dispuse en mi retirada que los animales quedasen a treinta leguas de Curuguatí, que es lo más próximo donde pueden subsistir, y dejé los auxilios que de orden de Vuestra Excelencia situó este gobernador para los portugueses a veinte leguas de Igatimí. Pero, como ya estuviesen inservibles, los mandó retirar con mi acuerdo, y no se han reemplazado con otros muchos, porque se inutilizarían igualmente antes que llegasen los portugueses, que con mucha probabilidad se puede creer que no llegarán hasta abril o mayo próximos. No obstante, cuando Vuestra Excelencia considerase útil y precisa la renovación de este auxilio, puede mandarla verificar a este gobernador, que está encargado de ella.

Nuestro Señor, etc.

XXIII. Sobre establecimientos portugueses

Excelentísimo señor:

Asunción, 19 de julio de 1792

Aunque en varias ocasiones he hablado a Vuestra Excelencia de mis ideas sobre esta demarcación y de los establecimientos portugueses, con todo la importancia de ambos puntos me obliga al añadir algunas consideraciones que me han sugerido las últimas noticias, para que Vuestra Excelencia las ponga en noticia del rey sin perder tiempo, porque pudiera perjudicarnos la tardanza.

Además de la justicia que nos da el último tratado o contrato, para que vaya la línea, o raya divisoria, por los ríos Yaguarey o Monici, y Corrientes, según dije a Vuestra Excelencia en 20 de junio de 1791, se seguirá de ello no solo el que esta provincia en un año se prolongará, sin costo alguno, desde el trópico al paralelo de 22° 4', que son las mejores tierras del virreinato y con yerbales próximos al río, sino que con esto tendremos escalas más próximas y abundantes para ir a los Chiquitos y a los establecimientos que hagamos costa arriba, y separaremos para siempre a los portugueses: porque todas las tierras, al norte de dicho Corrientes hasta la Laguna de los Xarayes, son impoblables, porque las crecientes del río Paraguay las inundan a larguísimas distancias, sin permitir que los lusitanos se acerquen a nosotros ni al río, ni intenten beneficiar dichos yerbales para vendernos la hierba, o para llevarla a sus minas donde se estima mucho: estas ventajas son inapreciables.

Las últimas noticias, comunicadas por don José Antonio Zavala, que se está fortificando en los 21° de latitud, nos aseguran, que desde allí a Coimbra, que se halla en 19° 53', tampoco hay tierra poblable en la costa occidental de este río. Por otro lado se sabe, que desde poco más allá de Albuquerque, situada en 18° 52', el río Paraguay corre hasta el Jaurú por la Laguna de los Xarayes, que es tierra anegadiza e intratable. De modo que, las únicas tierras altas de la costa del río Paraguay están, por la oriental, desde Concepción o trópico hasta el río Corrientes, y por la occidental, desde Coimbra a Albuquerque.

Este último trozo de tierra alta es justamente la más próxima a los Chiquitos, como que solo distan veinte leguas, en cuya distancia se hallan dos cordones de serranías que vienen de nor-oeste a sur-oeste la una, llamada de San Fernando, besa el río en Albuquerque, y la nombrada San Pantaleón, en Coimbra, según me avisan de Chiquitos. En ellas halló el Excelentísimo señor don Manuel de Flores, en la demarcación última, todas las señales de minas de oro y diamantes, y por otro lado, HERRERA (Década VIII. lib. 5. cap. 3. in fine) dice: «que Nuflo de Chaves, habiendo descubierto en la provincia de Itatin en que se hallan las sierras mencionadas, muchos metales a treinta leguas de Santa Cruz la vieja, volvió con sesenta soldados, fraguas y herramientas a tomar mejor conocimiento de dichas minas: pero que antes de llegar fue muerto.

Esto supuesto, si contra la justicia y último contrato, se permite a los portugueses mantener a Coimbra y Albuquerque, no nos quedará donde fijar el pie en la costa occidental del río Paraguay: los portugueses, establecidos allí, serán dueños de su navegación y de la provincia de Chiquitos, pues tienen la mayor proximidad, y es probable que hallarán en las sierras el oro y pedrería que disfrutan por nuestras condescendencias en sus inmediatas, y que nos indican los señores Flores y Herrera.

Por el contrario, si nos quedan Coimbra y Albuquerque, y nos poblamos allí, en el mismo día que esto suceda tendremos abierta la comunicación y comercio con los Chiquitos, Moxos y Santa Cruz: pues los barcos no tienen tropiezo, y el gobernador de Chiquitos ha escrito a este, que no halla reparo en abrir camino hasta el río, ni tampoco en conducirlo hasta los 20° de latitud. Pero, como ignora que desde Coimbra al grado 21° es tierra anegadiza, quizás no podrá establecerse la comunicación tan abajo, con solidez y para todo tiempo.

Además de la ventaja infalible de comunicar con los Chiquitos, lograremos, en poseyendo a Coimbra y Albuquerque, las incomputables ventajas que se dejan entender, y las que insinué a Vuestra Excelencia el 13 de octubre de 1790; cuyo papel reproduzco, porque no puede ser más interesante.

Por supuesto que los lusitanos harán los mayores esfuerzos para quitarnos las tierras altas de la costa de este río, pues conocen que de no conseguirlo, vendrán a perder con el tiempo sus minas de Matogroso, Cuyabá y Sierra del Paraguay, que con justicia volverán a sus legítimos dueños: pero los contratos y la justicia se han de sostener a toda costa, y siendo la materia gravísima, no debe cederse un punto, ni admitir transacciones que no sufren las circunstancias locales.

La que han insinuado los portugueses, ofreciendo despoblar Albuquerque, conservando a Coimbra, es querernos alucinar sin el menor provecho: porque, conservando el fuerte del sur, siempre serán dueños de la navegación del río y de sus tierras poblables, sin que nosotros podamos establecernos en lo que ofrecen dejar, sino cuando ellos quieran y por el tiempo que gustasen; privándonos de la más cómoda comunicación con Chiquitos, y de poner en planta lo que avisé a Vuestra Excelencia en dichas reflexiones de 13 de octubre.

Pero aun debemos desconfiar de que verifiquen la evacuación de Albuquerque que han prometido; porque después que la ofrecieron han quintuplicado su guarnición y la de Coimbra, llevando a ellas los jefes más acreditados, y han reconocido, e intentado establecerse en los 21°: y a esta hora ya lo hubiesen hecho, si no los hubiésemos prevenido, según dicen las últimas noticias, que, aunque adquiridas por los bárbaros, se hacen creíbles en vista de la gente que han hacinado con la que quizás nos hubiesen ya atacado, si no hubiesen visto que no pueden entrar en contiendas efectivas con nuestros buques. De forma que, no dudo que obran con mala fe, y que dicen lo que no piensan hacer, ofreciendo dejar Albuquerque cuando más la fortifican, queriendo venir más al sur, aprovechando de nuestra credulidad, fomentándola con voces estimuladas del deseo de quebrar nuestras ventajas, insinuadas en mi papel de 13 de octubre que conocen muy bien; dándonos un testimonio de ello con haber dispuesto que no se use otra moneda en sus establecimientos de este río que barras de oro con cierta marca, las cuales llevan un 75 % de aumento de su valor, para que no puedan introducirse en esta provincia por el comercio.

Es cierto que en el día no nos sería muy difícil arrojarlos por fuerza de Coimbra y Albuquerque; pero, si por alguna transacción los dejamos en posesión de alguno de dichos presidios, no dejarán de fortificarse más y más, en términos que el echarlos nos sería dificultosísimo, y quedarían nuestras ventajas perdidas.

El expediente que ha imaginado nuestra Corte, de poner presidios entre Coimbra y Albuquerque y los Chiquitos, tiene muchos inconvenientes: porque así como el situarnos en la costa nos es fácil, expedito y poco gravoso, porque el comercio fomentaría nuestros establecimientos, el internarnos en las tierras es difícil, costoso, complicado y de poca utilidad al comercio que Coimbra y Albuquerque podrán obstruir, y nunca podrán los establecimientos, tierra adentro, llenar las ventajas de mi papel de 13 de octubre.

Para cohonestar la conservación de Coimbra y Albuquerque, y mover nuestra credulidad generosa, sin duda alegarán que no nos sirven, y que de otro modo quedaría su comunicación con las minas expuesta a las invasiones de los bárbaros. Lo primero es tan falso como se deja entender de mis reflexiones; y lo segundo es un pretexto, pues hace cincuenta y tres años que los bárbaros no turban su navegación, ni pueden turbarla, porque casi se han acabado, y en breve no existirán por la bárbara costumbre de no criar sino un hijo.

A lo dicho espero que Vuestra Excelencia añadirá lo que su mayor conocimiento alcanza, para instruir a Su Majestad sobre unas materias las más graves, pero que hasta poco ha nadie ha visto.

Nuestro Señor, etc.

XXIV. Para que no corra la línea por la cordillera

Excelentísimo señor:

Asunción, 19 de enero de 1793

Acabo de saber que nuestra Corte ha entablado y está siguiendo sus conferencias con la de Lisboa, a fin de que la línea divisoria, entre los ríos Paraná y Paraguay, se dirija por una cordillera que, empezando en el Salto grande del primero de dichos ríos, sigue al oeste, paralelamente al curso del río Igatimí, al sur de éste, y continuando después hacia el norte, declina al oeste para acercarse y besar el río Paraguay en el estrecho de San Francisco Xavier, situado en 19° 54' de latitud austral.

Aunque esta novedad no haya llegado a mi con formalidad, como la más ligera sospecha sea bastante para que yo no pierda momento en acudir con mis conocimientos a aclarar un punto tan grave, me veo precisado a molestar a Vuestra Excelencia para que en primera ocasión dirija al rey este papel, que no puedo excusar, porque me considero el principal obligado a aclarar la materia, cuya historia es la siguiente:

Hace nueve años completos que llegué a esta provincia, sin más instrucción de sus intereses y de la demarcación, que la que tiene cualquiera y la que hallé en las instrucciones que me dieron, y no consideré suficientes para perder tiempo ni ocasión de informarme. Y como en el Señor don Pedro Melo de Portugal, entonces gobernador de la Provincia, conociese más luces y celo que en el común de los gobernadores, hablé varias veces con él; y una me dijo que, respecto a que los mapas y noticias acreditaban la existencia de la mencionada cordillera, y que esta era tal que no admitía más paso que uno muy angosto, que se podría tomar por lindero: mucho más, cuando solo cedíamos a los lusitanos el poco espacio que media entre los ríos Igatimí y dicha cordillera, y ganábamos por el oeste los grandísimos campos que hay entre ella y el río Paraguay, desde los 23°1/2 de latitud al estrecho de San Xavier.

Me gustó este pensamiento, y lo insinué al señor don José Varela y Ulloa, que era mi jefe, para que me dijese si se podría promover: y me respondió que no, porque ni los tratados ni las instrucciones daban lugar a ello, ni querrían los portugueses.

Más adelante, aclarándose mis luces, vine en conocimiento de mis errores, y de que nadie había entendido este trozo de demarcación: hallé los ríos Igurey y Corrientes que señalan los tratados, y se creían imaginarios, y por fin, conocí y calculé las ventajas de primer orden que dichos ríos nos proporcionan. Las escribí, a Vuestra Excelencia, y Vuestra Excelencia las trasladó al rey.

Con el actual grado de claridad se ve la ignorancia y perjuicio de las ideas viejas, que son; que la línea vaya por los ríos Igatimí e Ipané, o por la referida cordillera: porque con la primera idea perdemos lo que hay desde el paralelo de Concepción al del río Corrientes o Appa, y lo que media desde el Igatimí al Yaguarey o Monici, que es el verdadero Igurey de los tratados. Porque, cuando las Cortes celebraron el penúltimo contrato, sabían que dicho Igurey estaba al norte del Salto grande del Paraná, y que era muy caudaloso: cuyas circunstancias anotaron en las instrucciones a los respectivos comisarios, para que lo conociesen; como la de que sus cabeceras estaban próximas a las del río Corrientes, para cuyo conocimiento también les dieron señales por escrito. Todas las referidas circunstancias, y casi identidad en el nombre, se hallan en dicho Yaguarey o Yaguarí, según he hecho ver en mis oficios anteriores; y como el último tratado se formalizó innegablemente bajo de la misma fe, creencia y palabra que el anterior; esto es, que el Igurey, sea el que fuere, corre al norte del Salto grande, y con las demás circunstancias, no puede dudarse que el Yaguarey es el Igurey de los tratados.

Con mayor razón debemos desechar la línea por la mencionada cordillera, pues nos quita lo que hay de ella al Yaguarey, sin que ganemos lo que el señor Melo y yo nos figurábamos en las vertientes al río Paraguay: porque, desde el río Corrientes, para el norte, es tierra anegadiza que no permite llegar a dicho Paraguay.

Cuando lo dicho no baste, para que jamás pensemos en tal cordillera, precisamente ha de bastar el saber, que solo existe desde el Salto grande hasta poco más al norte de las cabeceras del Igatimí, según estoy informado: por consiguiente, cuando los demarcadores se hallen sin ella, tendrán que acudir a las Cortes para que busquen el modo, y por donde caer al río Paraguay. Y cuando se quiera pensar en que continúe la línea por lo más alta de las tierras, supliendo así la falta de cordillera con la lomada o cuchilla, como esta por lado alguno bese ni se acerque con mucho al río Paraguay, siempre será imposible bajar a este y de aquí muchas disputas y una línea interminable.

Además de que, como de contado entrábamos cediendo las tierras vertientes al Paraná, desde la cordillera al Yaguarey, ya no tendría cobro lo perdido. Por último, el trozo de cordillera existente según las ideas que tengo de ella y la experiencia en estos países no podrá demarcarse en muchos años; por lo menos yo tomaría vivir hasta que se acabase; cuya circunstancia sola es suficiente para preferir los ríos Yaguarey y el que encabeza con él, pues ambos son conocidos, caudalosos y de todos modos preferibles.

Por si el motivo de tratarse de dicha cordillera fuese el de entablar alguna transacción, aunque, sea la que fuere, siempre nos será perjudicial y contra la justicia y el tratado, diré brevemente lo que más nos interesa y lo que menos, para que en la necesidad de perder, sea lo menos que se pueda: y para suplir mi mala explicación incluyo un mapilla.

Desde la cordillera, que corre al sur del Igatimí al río Yaguarey, hay muchos y excelentes minerales de hierba, que no se benefician por remotos; pero las tierras pasan por malsanas y de mala calidad, por carecer de barreros, o tierras salitrosas, sin las cuales no vive aquí sino seis meses toda clase de ganados. Pero, aun cuando produjesen otros frutos, no podrían extraerse sino por el Paraná, que está cortado por el Salto grande: de forma que, dichos terrenos podrán muy bien servir para desierto que separa los dominios: aunque a los portugueses les pudieran ser más útiles, porque, pueden comunicar con ellos por el río Tiete.

Por lo que mira a las tierras vertientes al río Paraguay, desde el trópico o paralelo de Concepción al 22° 4', que es el del río Corrientes, por todas circunstancias se gradúan como las mejores del virreinato. Salud, minerales de hierba, barreros, salinas, pastos, aguadas, maderas, y todo lo que aquí se desea, está en ellas; y tenemos el mejor río del mundo para fomentar sus pobladores y protegerlos. De allí sacaríamos abundantes auxilios para las empresas de costa arriba, y para sostener el establecimiento de los Hermanos, y otro que debemos hacer más arriba, cuando nos dejen a Coimbra y Albuquerque: con lo que seremos dueños de una alhaja muy preciosa, que es el río, y de Matogroso y Cuyabá, en el primer rompimiento si se quiere; y mientras tanto protegeremos y comerciaremos con los Chiquitos, observando de cerca a nuestros fronterizos.

Desde dicha latitud de 22° 4', hasta pasada la Laguna de los Xarayes, nada valen las tierras orientales del río Paraguay: porque, aunque en lo interior tengan campos buenos, las inundaciones no permiten acercarse a la costa del río con bastantes leguas, y por consiguiente no pueden tener navegación ni comercio.

De forma que si, como lo determinan los tratados, llevamos la línea por el Yaguarey hasta su cabecera principal, y de allí buscamos la principal, más próxima de otro río, y caemos por este al del Paraguay, desalojando además a Coimbra y Albuquerque, que están en lo nuestro, no dudo que, antes de muchos años, se verán mis ideas verificadas: porque no es posible que no tengamos las minas de Cuyabá y Matogroso, cuando las podemos atacar con fuerzas competentes, llevadas por el mejor río del mundo, sin que los portugueses puedan sostenerlas ni llegar a ellas, sino por el embudo obstruido del río Tacuarí, en canoas y con los trabajos que nadie ignora.

Últimamente, esta provincia tiene grave necesidad de los terrenos que hay desde Concepción a los 22° 4' de latitud, y el solicitarlos y conseguirlos con todo lo demás que he expuesto, no es pedir favor, sino lo que prescriben los tratados y la justicia pendiendo de ellos el tener o no dichas minas portuguesas: cuya nación, teniendo cubierta su navegación de los ríos Pardo y Tacuarí, con espacios casi inmensos de despoblado, no debe pretender reducir a estos pobres vasallos del rey a una estrechez que no les basta para sus ganados. También deberá acordarse de que cuanto posee lo debe a la generosidad de los Monarcas Españoles.

Nuestro Señor, etc.

XXV. Sobre la demarcación

Excelentísimo señor:

Asunción, 30 de abril de 1793

Para que llegue a Vuestra Excelencia sin lesión el mapa que he hecho del río Paraguay, lo di al alférez de fragata don Anselmo Bardaxí, que salió para esa. En él verá Vuestra Excelencia que las inundaciones anuales de dicho río no permiten el menor establecimiento a los lusitanos en su costa oriental, desde el río Corrientes o Appa para el norte: pues, aunque el cerro del Pan de Azúcar y sus inmediatos no se inunden, según las últimas noticias, no puede hacerse establecimiento en ellos sin grandes costos, a mi ver, superiores al poder portugués, porque son de peña viva. De modo que, no queda otro arbitrio a nuestros fronterizos que el de fijarse en la angosta lengua de tierra que desde dichos cerros sigue para el este: y aun esto será muy difícil, porque apenas hay tierra, y jamás podrá ser otra cosa que una guardia muy lejana del río y sin chacras de cultivo.

En este concepto vendrá Vuestra Excelencia en conocimiento claro de que, si la raya divisoria sigue dicho Corrientes, como lo exigen los contratos, porque parece que es el que encabeza con el Yaguarey hasta el Jaurú, dejándonos las usurpaciones que nos han hecho en Coimbra y Albuquerque, jamás podrán los portugueses poseer, ni embarazar la navegación del río Paraguay, aunque llegasen a poblar, como lo idean, las tierras que hay al norte de dicho Corrientes. Porque cualquiera población en ellas ha de ser lánguida, no teniendo minas, ni otros medios de introducir y extraer, que el de canoas por los ríos Tacuarí, Pardo y Tiete, escasos de agua mucha parte del año, y llenos de arrecifes.

Al mismo tiempo verá Vuestra Excelencia, que para comunicar esta provincia con la de Chiquitos hay dos caminos marcados en el mapa: el que empieza donde la Sierra de San Fernando, y pasado un poco el pueblo de Albuquerque, es el que llevó Juan de Oyolas fundador de esta ciudad, y por él llegó a las sierras del Perú. Según las noticias antiguas y modernas que he podido adquirir, no tiene obstáculos, y puede abrirse para carretas, que podrán surtir los Chiquitos, poblando de nuevo las estancias que tuvo el pueblo del Corazón, o llevando de Santa Cruz de la Sierra algunos pobladores.

Por él fueron los quince portugueses de Albuquerque, de que dio aviso a Vuestra Excelencia poco há el gobernador de Chiquitos, protestando iban a buscar negros fugitivos. Él mismo fue muy frecuentado de los bárbaros Mbayás, cuando en tiempo de los Jesuitas iban a atacar a los Chiquitos, quienes lo embarazaron con un presidio, que obligó a los bárbaros a abrir el camino que va marcado más al sur, empezando en los 20° de latitud, y es malo, bajo, pantanoso, y tiene que atravesar el grande bosque que habitan los bárbaros Ninaquiguilas.

El famoso conquistador Domingo Martínez de Irala siguió otro camino, que empezó en el puerto que llamó de los Reyes, y es precisamente una de las dos lagunas que hay al oeste de este río, en la latitud de 17° 57' y 17° 50': de allí tomó recto al oeste, y penetró por los Chiquitos hasta el Perú. Por el mismo fueron a Santa Cruz y Chuquisaca, el gobernador Francisco Ortiz de Vergara con multitud de gentes, y el obispo Latorre con Nuflo de Chaves en tiempo de la conquista, sin que ningún historiador nos diga que hallaron embarazos. En efecto pocos parece que pueden ser, porque no hay por allí nación guerrera, y la distancia, desde dicha laguna o puerto de los Reyes al actual pueblo del Santo Corazón, no pasa de nueve leguas, según se ve en dicho mapa.

El sitio, donde avisé a Vuestra Excelencia el 19 de julio de 1792 que había antecedentes para creer que tenía minas de oro y diamantes, es la Sierra de San Fernando: añadiendo ahora a lo dicho entonces, que seguramente las minas que el historiador Herrera dice descubrió Nuflo de Chaves, estaban en dicha sierra; porque Chaves no vio, ni pudo ver otra en su derrota. Agrégase además, que las historias nos dicen que los indios habitantes de dicha sierra llevaban colgadas de las narices piedras cristalinas de varios colores, y sabemos que aun hoy cuelgan de las mismas narices alhajuelas, que no pueden obtener si no en dicha sierra, porque ni salen de ella, ni comunican con otros.

El haberse establecido en Coimbra y Albuquerque los portugueses, su resistencia a abandonarlos, y el afán a sostenerlos contra lo literal de los tratados, es para mi otro indicio que, junto a lo que dije el dicho 19 de julio, y a lo que refieren las historias de las piedrezuelas, me dejan poca duda de que hay minas de oro y diamantes en dicha sierra. Por lo menos no podemos prudentemente dudar de su existencia: que si fuese cierta, como la presumo, pudiera alterar el sistema del comercio, desde luego, el valor de la pedrería que venden los portugueses y que recogen en las sierras vecinas.

También se impondrá Vuestra Excelencia de que los lusitanos, con sus establecimientos de Coimbra y Albuquerque, son dueños no solo de la navegación del río, de los caminos, únicos que podemos abrir al los Chiquitos, y de dicha sierra y sus minas, sino también de que no hay medio para verificar lo que el rey determinó y mandó a este gobernador: esto es, de cortar a los portugueses su tránsito a los Chiquitos.

Por último, a fin de no molestar, dicho mapa hace palpable, que si lo fronterizos nos dejan, como es justo y lo exigen los tratados, a Coimbra y Albuquerque, que sobre estar en lo nuestro, tienen contra sí estar en la costa de río, que es lugar prohibido por el tratado, y si la raya divisoria va por el Corrientes, nunca podrán dominar el río, ni disfrutarlo en otro tiempo que el de nuestra voluntad: que las flotas de Cuyabá y Matogroso caerán en nuestras manos en la boca del río Tacuarí, o más arriba: que podremos en la paz chupar de sus riquezas por un comercio que, en mi juicio, ha de sernos ventajoso sin perjuicio: que podremos francamente comunicar con los Chiquitos, y entrar en las labores de las minas, que parece indudable hoy en la Sierra de San Fernando: que los famosos establecimientos de Matogroso, Cuyabá y Sierra del Paraguay, serán precarios a sus ilegítimos dueños, y que al fin caerán en nuestras manos con el tiempo, y sin más trabajo que permitir a los Paraguayos que pueblen hasta el río Corrientes, y hacer que los Chiquitos acerquen las estancias, y una vigía desde el pueblo actual del Corazón; y mandar al jefe de Cochabamba que funde un pueblo de españoles hacia la laguna o Puerto de Candelaria, que creo que hoy llaman de la Cruz, esto es, en el camino de Oyolas; con cuyas escalas los Paraguayos subirán sin dificultad por el río.

Por el contrario, si llega la línea divisoria a dicho Corrientes, quedando los bellos campos que hay libres de inundación al sur de él, para los portugueses, podrán estos obstruir todos nuestros designios, poblando y fortificando la costa. Igualmente si quedan por ellos Coimbra y Albuquerque, o uno de los dos, serán árbitros de nuestros caminos a Chiquitos, y atravesarán nuestras ideas cuando gusten. Las raras circunstancias locales no admiten medio: o la demarcación va por donde debe, esto es, por los ríos Corrientes y Paraguay, quedando por nosotros Coimbra y Albuquerque, o no. Lo primero, que es lo justo, nos traerá mil utilidades, y entre ellas el dominio de los minerales portugueses: y con lo segundo todo lo perderemos, como también los Chiquitos.

La gravedad del asunto estimulará a Vuestra Excelencia a no perder momento en remitir al rey estas reflexiones con dicho mapa, quien además es una demostración palpable de cuanto he escrito a Vuestra Excelencia sobre esta demarcación, en mis cartas de 13 de octubre de 1790, 20 de junio de 1791, 19 de julio de 1792, y 19 de Enero de este año, cuyas reflexiones reproduzco.

Espero que Vuestra Excelencia abreviará la remisión de esta carta y mapa a Su Majestad, añadiendo las reflexiones que no alcanzo; mientras me queda la satisfacción de haber hecho cuanto he podido para aclarar unas ideas las más interesantes y graves que pueden ocurrir en el virreinato: aunque por mi mala explicación y poco concepto, como por ser nuevas, temo que no hagan la impresión que exige su importancia, y que en breves años la experiencia pondrá de manifiesto.

Nuestro Señor, etc.

XXVI. Recibo a la resolución del rey

Excelentísimo señor:

Asunción, 19 de mayo de 1793

Recibo la de Vuestra Excelencia de 18 de abril de este año, en que me copia la del excelentísimo señor duque de la Alcudia, que hace ver que debemos tener por nula la real instrucción de 6 de julio de 1778, en cuanto a la demarcación de los ríos Igatimí e Ipané; y que debe seguir la línea por el Yaguarey o Yaguarí y el Corrientes, según mis ideas. Y enterado de ello, lo cumpliré cuando llegue el caso.

Nuestro Señor, etc.

XXVII. Sobre los caminos de Chiquitos

Excelentísimo señor:

Asunción, 19 de septiembre de 1793

Doy recibo a la de Vuestra Excelencia de 16 de agosto de este año, que incluye otra del gobernador de Chiquitos de 31 de marzo, y me ordena que exponga mi dictamen sobre la comunicación de esta provincia con la de dicho gobernador.

El acierto en la materia depende de las buenas noticias que por precisión se han de adquirir en ambas provincias. Las que han de venir de Chiquitos, me parece, que debe Vuestra Excelencia exigirlas del Comisario de límites de Cochabamba, porque siendo facultativo y más instruido que el gobernador de aquella provincia, dicta la prudencia que se le prefiera para el caso; y también que se le envíe un tanto de esta carta y de las noticias que di a Vuestra Excelencia sobre los caminos a Chiquitos, el 30 de abril de este año, para que le sirvan de gobierno. En ellas verá Vuestra Excelencia que Juan de Oyolas, fundador de esta ciudad, no halló la menor dificultad en penetrar desde este río al pueblo antiguo del Santo Corazón, y de él a Santa Cruz de la Sierra, y mucho más adelante ni después en estos últimos tiempos la han hallado los bárbaros Mbayás, ni quince portugueses que poco há, fueron de Albuquerque al pueblo de Santiago, sin que yo pueda combinar estos hechos y otras noticias, con las dificultades y escollos que refiere el gobernador de Chiquitos en su carta, mirando como impracticable este camino, cuando muchos lo han transitado.

Sin duda carece de noticias, o teme a los bárbaros Guaycurús, Payaguás, Guanás, Mbayás y otros: sobre lo cual todo lo ignora, porque de la nación Guaycurú solo existe un varón: los Payaguás, sin faltar uno, están en reducción dentro de esta ciudad: todos los Mbayás habitan al este de este río, menos una parcialidad que hay en el Chaco, pegada a él en los 21° 6' de latitud, esto es, tres leguas al sur de nuestro presidio de los Hermanos. También los Guanás habitan en esta banda, menos muy pocos que viven en el Chaco, en el paralelo de 21° 56', distando de este río ocho leguas, y son nuestros amigos, lo mismo que los Mbayás: de modo que, en el camino, desde nuestro pueblo de Santiago a Alburquerque, no existe bárbaro alguno, sino muy pocos de la nación espantadiza, y en extremo pusilánime, llamada Guato, que navega en diminutísimas canoas la laguna que hay pegada a este río, muy poco al norte de Albuquerque.

Tampoco hay nación que pueda embarazar el tránsito desde Santiago a Coimbra, sino la Ninaquiguila, idéntica a la Guato, que habita un bosque que se ha de atravesar: pero este camino es malo, pantanoso, se inunda en las crecientes, y no tiene que beber cuando baja el río. Las mismas dificultades, sin quitar ni poner, se hallarían si se quisiese comunicar los Chiquitos con el presidio de los Hermanos; por cuyo motivo tengo por escusado intentar esta comunicación. Lo mismo digo del camino que de Santiago a las cercanías de Coimbra han trajinado los Mbayás para hostilizar a los Chiquitos, y estos para atacar a los Mbayás en los últimos tiempos jesuíticos.

El tercer camino, que de esta provincia a la de Chiquitos abrió Domingo Martínez de Irala, y después fue frecuentado de estas gentes que por él fueron a fundar a Santa Cruz de la Sierra, principia en la costa de este río, en la latitud de 17° 57', según lo avisé a Vuestra Excelencia dicho día 30 de abril, y es el más cercano a los Chiquitos.

En estos hechos constantes me he fundado y fundo para afirmar resueltamente, que podemos comunicar con los Chiquitos, a pesar de cuanto dice y pueda decir su gobernador que ignora la historia y la geografía de su provincia; pues si la supiese no hallaría dificultades en hacer lo que muchísimos han hecho antes, ni miraría como empresa el haber pasado desde Santiago a las taperas del Corazón, cuando este camino, en los últimos tiempos jesuíticos, era tan trajinado como el de Getafe.

También admiro, que dicho gobernador proponga como preferible el camino por la boca del Jaurú, cuando tengo noticias que no la supo hallar cuando poco há envió una expedición con este fin: pero, aun suponiendo posible esta idea, no la considero adoptable, porque corta o toca el camino que los portugueses llevan de Cuyabá a Matogroso. Además de que es mucho más breve el que se puede abrir por donde Irala fue a Santa Cruz, según dije en mi oficio de 30 de abril, a que me refiero.

Convengo con el gobernador de Chiquitos en que los portugueses no abrirán camino desde Albuquerque y Coimbra, con el fin de contrabandear, porque tienen los géneros de Europa tan caros, que el contrabando les sería tan perjudicial como útil a los españoles: pero podrán abrirlo con la idea de sonsacar a nuestros indios para llevarlos a sus minas. También podrán abrir o frecuentar el del Barbudo que menciona dicho gobernador, con el mismo fin o el de llevar ganados de Santa Cruz y Chiquitos a Matogroso: pues, aunque el referido gobernador diga que los portugueses no los necesitan, no puedo creerlo, porque sé que han comprado algunos caballos a los Mbayás de esta provincia, y que los han llevado con infinita pena en canoas a Matogroso; lo que no harían si abundasen de cabalgaduras.

Últimamente, en dicho mi oficio de 30 de abril verá Vuestra Excelencia los caminos que me consta haber sido frecuentados desde la orilla de este río a los Chiquitos, y que por consiguiente se pueden frecuentar, sin que por esto se entienda que son los únicos: pues si se buscan por un sujeto instruido, y capaz de hacer un mapa de sus investigaciones, no dudo que se hallarán practicables, no solo los que he indicado, sino también otros quizás mejores. Para lo cual, si estuviese en mi mano, para no perder la ocasión que hay en el día, y quizás no habrá en siglos, mandaría al Comisario de límites de Cochabamba, que por si, o sus subalternos facultativos, prolongase el mapa que ha hecho de Chiquitos hasta el río Paraguay, o por lo menos se acercase a él lo que pudiese, sin dejarse ver de los portugueses: pues de este modo, y sabiendo que los paraguayos tienen facilidad de navegar este río hasta el Jaurú, sería fácil determinar con acierto y elegir el camino. Bien que mi dictamen es, que no se debe abrir hasta que los lusitanos hayan evacuado a Coimbra y Albuquerque, porque desde estos puntos nos embarazan el tránsito siempre que quieran.

Con este motivo me ha parecido del caso exponer a Vuestra Excelencia brevemente mi plan, del modo y por donde debe abrirse la referida comunicación, suponiendo que los portugueses nos dejan los presidios que tienen en la costa de este río; pues sin esta circunstancia miro muy trabajosa dicha comunicación, respecto a que las tierras que hay al sur de dichos presidios se inundan en tiempo de crecientes y el resto del año no tienen que beber.

Yo mandaría hoy mismo al gobernador del Paraguay que formase una población de españoles o pardos en la costa este de este río, al sur y cerca del llamado Corrientes o Appa, repartiéndoles las bellas tierras inmediatas. Hecho esto, ordenaría la demolición de nuestro presidio de los Hermanos, y dispondría que de Santa Cruz o Cochabamba pasasen españoles a formar otra población en la orilla e inmediaciones de la laguna que hay pegada al río Paraguay, al oeste de él, muy poco al norte de Alburquerque, dando a estos pobladores las tierras inmediatas que fueron del antiguo pueblo del Corazón. Con esto, sin costear presidios, quedaría franco el camino desde aquí al pueblo de Santiago, y con las escalas competentes a proporcionadas distancias.

Hecho esto, que miro como muy factible y de poco, o ningún costo, por lo menos en lo que hace a la población paraguaya, dispondría, después de exactos reconocimientos, fundar otra población cerca del río Paraguay hacia la latitud de 18°, que es el sitio que eligió Domingo Martínez de Irala, y en el cual mandó a Nuflo de Chaves que hiciese una población, con la idea de asegurar la comunicación del Paraguay con los Chiquitos y el Perú; y que no se fundó por la desobediencia, de dicho Chaves, quien con la gente destinada por Irala para ello, pasó a fundar la ciudad de Santa Cruz de la Sierra.

Esta población nos aseguraría una segunda comunicación con los Chiquitos, investigaría las minas de oro y diamantes que, según dije a Vuestra Excelencia en 30 de abril, presumo que existen en la sierra cercana de San Fernando, y finalmente observaría de cerca a los portugueses, los contendría en sus límites, y nos daría las proporciones necesarias para participar de las minas portuguesas, y aun para poseerlas en lo futuro.

Es cuanto se me ofrece sobre el particular, en cumplimiento de la orden de Vuestra Excelencia, que con mayores luces podrá determinar lo que convenga.

Nuestro Señor, etc.

XXVIII. Para que se nombre por segundo Comisario al teniente de navío don Martín Boneo

Excelentísimo señor

Asunción 13 de abril de 1784

Este correo he recibido sin carta un nombramiento del Excelentísimo Señor don Juan José de Vertiz, su fecha 24 de diciembre de 1783 en el cual, después de nombrarme Su

Excelencia comisario de la primera subdivisión de la 2.ª partida, declara deberme suceder el teniente de la escolta don Manuel Rosas; y a ambos el ingeniero don Pedro Cerviño. Pero, como no se haga mención en dicho nombramiento del teniente de navío don Martín Boneo, a quien recibí en mi partida en virtud de una copia rubricada por el Señor don José Varela, en que el mismo Señor Vertiz le declara mi segundo con fecha de 10 de diciembre de 1783, me ha parecido preciso hacer presente a Vuestra Excelencia, que el carácter de dicho Boneo padecerá el desaire de no ser reputado por los portugueses, y que no tendrá el lugar que requiere su graduación en mi partida.

Estas consideraciones me hacen suplicar a Vuestra Excelencia, a fin de que le caracterice de mi segundo y sucesor, prefiriéndole a dicho Rosas y Cerviño; pues de lo contrario Boneo no tendrá carácter, porque el de mi segundo con que vino, se le ha quitado en dicho nombramiento.

Nuestro Señor, etc.

XXIX. Para que nombre tercer jefe de partida a don José Bolaños

Excelentísimo señor:

Asunción, 13 de marzo de 1787

Habiéndose retirado de mi partida el comandante de su escolta don Manuel de Rosas, que tenía el carácter de tercer comisario, y venido en su lugar don José Bolaños, sin que traiga asignado carácter de tercer comisario, me ha parecido preciso hacerlo presente a Vuestra Excelencia para que se lo declare, ya sea enviándome nuevo nombramiento, como el de 12 de mayo de 1784, o como a Vuestra Excelencia pareciere.

Nuestro Señor, etc.

XXX. Retiro de don Martín Boneo

Excelentísimo señor:

San Joaquín, 29 de mayo de 1791

La adjunta representación es de mi segundo, el teniente de navío don Martín Boneo, quien hace presente a Vuestra Excelencia el estado de su salud, y pide el retiro de esta partida. En cuanto a lo primero, no puedo, informar a Vuestra Excelencia sino que de algún tiempo a esta parte he notado torpeza en su oído; y en cuanto a lo segundo, debo decir que dicho Boneo no podría aliviar mis trabajos de la demarcación, y que con los subalternos que me quedan lo podré verificar sin que él me haga falta.

En cuyo concepto, y para ahorro de la real hacienda, considero preciso que Vuestra Excelencia mande retirar a su cuerpo al dicho oficial; a quien he dado licencia para que pase a la Asunción a esperar la orden de Vuestra Excelencia, que por hallarme yo muy distante se podría dirigir al interesado, y mejor al gobernador Intendente de la provincia, para que cuanto antes cese la gratificación que tiene por un objeto que no ha de cumplir.

Nuestro Señor, etc.

XXXI. Sobre quedar retirado don Martín Boneo

Excelentísimo señor:

Asunción, 19 de septiembre de 1791

Por el oficio de Vuestra Excelencia de 18 de julio último, quedo impuesto de hallarse separado de mi partida don Martín Boneo, teniente de navío y segundo comisario de ella: cuya determinación he comunicado al resto de la partida, y principalmente al Ministro de Hacienda, para que, enterado de ella, sepa que ha de cortarle su asiento y gratificación.

Nuestro Señor, etc.

XXXII. Al gobernador, sobre el retiro del carpintero

Excelentísimo señor:

13 de noviembre de 1788

Habiéndome hecho presente Pedro Guillermo Rodríguez, que por sus achaques y cortedad de vista no podía continuar el servicio de carpintero en la partida de mi mando, le he concedido su retiro, cuya plaza convendrá que no se dé a otro hasta el tiempo preciso en que haya de salirse a demarcar, haciendo presente a Vuestra Excelencia que he tomado la referida determinación, consultando el ahorro de los reales intereses.

Nuestro Señor, etc.

XXXIII. Reconocimiento del Igatimí

Asunción, noviembre 16 de 1791

Recibí la de Vuestra Señoría de 14 del corriente, en que me copia lo que el Excelentísimo señor virrey le ordena, relativo a que acuerde conmigo la práctica del reconocimiento del Fuerte de Nuestra Señora de los Placeres, que se supone situado en la costa septentrional del río Igatimí por los portugueses: y como este particular se trató en la junta que hicieron ayer, me ha parecido escusado exponer aquí lo que se me ofrece, y Vuestra Señoría solicita.

Nuestro Señor, etc.

XXXIV. Sobre que los portugueses ofrecen evacuar a Albuquerque

Asunción, enero 2 de 1792

Recibí la de Vuestra Señoría de 23 de diciembre próximo pasado, en que me copia la novedad que le comunica el señor virrey, quien la ha tenido por el excelentísimo señor Ministro de Estado, de que los portugueses habían mandado evacuar la población de Albuquerque, situada al occidente del río Paraguay, sin verificar lo mismo con la de Coimbra y aunque estas noticias no pertenecen al trozo de línea divisoria que me está asignado, con todo quedo enterado de ellas para lo que pudiera ofrecerse en lo futuro.

Nuestro Señor, etc.

XXXV. Sobre la extensión de la Provincia

Asunción, 13 de enero de 1792

Recibí el oficio de Vuestra Señoría de 12 del presente, en que solicita saber su el Itapucú, que dista sesenta leguas, a poco más o menos, de nuestra Villa de Concepción, pertenece a los dominios del rey o los de Portugal en virtud del último tratado.

Las tierras de esta provincia, por aquella parte del norte, se extienden hasta el curso de un río grande, que parece ser llamado Corrientes, que entra en el Paraguay por su costa este, en la latitud de 22° 4': en este concepto el paraje llamado Itapucú, de que Vuestra Señoría me habla, pertenece a esta provincia, por hallarse pocas millas al sur del mencionado río.

Esto es lo que puedo contestar a Vuestra Señoría, porque es lo más conforme al último tratado y a lo que me he de arreglar en mi demarcación: pues, aunque se ha creído, por algunos que nuestras tierras debían acabar en el río Ipané-guazú, y esto mismo parece que quieren los portugueses, yo no variaré mi concepto, ni admitiré otro lindero que dicho río Corrientes, hasta que Su Majestad disponga otra cosa.

Con que solo resta añadir, que los gobernadores de esta provincia, don Jaime San Just y don José Martínez Fontes, creyeron que las tierras que median entre los ríos Ipané-guazú y dicho Corrientes pertenecían a esta provincia; y por tanto hicieron merced de ellas al pueblo de Belén, el primero con fecha de 9 de Marzo de 1761, y el segundo de 22 de noviembre de 1762.

Con este concepto considero, que Vuestra Señoría tiene legítimo derecho y precisa obligación de requerir y embarazar todo establecimiento extranjero en dicho Itapucú, y en todas las tierras que median entre los ríos Ipané-guazú, y el Grande que corre de este a oeste, desembocando en el del Paraguay hacia la latitud de 22° 4', y pocas millas al norte del Itapucú: pues, aunque no está señalada la línea divisoria, y por tanto no se puede saber a punto fijo el lindero que Su Majestad aprobará, con todo, puedo asegurar a Vuestra Señoría que lo dicho me parece lo más conforme a las reales intenciones y a los tratados celebrados últimamente: y esto basta para que, mientras no nos conste otra real determinación contraria, nos atengamos a lo dicho y defendamos lo que nos parece corresponder en justicia.

Nuestro Señor, etc.

XXXVI. Al gobernador, sobre límites

Muy señor mío:

Asunción, junio 14 de 1794

Recibo la de Vuestra Señoría de 7 de los corrientes, en que, después de copiarme la real resolución para que confrontemos nuestras observaciones, me hace relación de lo que sabe del curso del río Corrientes y de lo que sobre él ha escrito a la superioridad; que es justamente lo mismo que he hecho saber al rey muchos años há, de modo que, las noticias de Vuestra Señoría vienen a ser las mismas que tengo, y fundado en ellas escribí a Vuestra Señoría en 7 de enero de 1792 cuando Vuestra Señoría las ignoraba. Y como desde entonces no haya ocurrido otra novedad que la orden que Vuestra Señoría me copia, nada me resta que añadir.

Nuestro Señor, etc.

XXXVII. Al mismo, sobre una población portuguesa

Muy señor mío:

Asunción, 14 de junio de 1794

Acaba de esparcirse en el público la voz de que los portugueses se han establecido al norte de la Villa de la Concepción, y al sur del río Corrientes, en terreno que nos compete por los tratados, según está declarado por Su Majestad en 6 de febrero de 1793, cuya real resolución tiene Vuestra Señoría. Y aunque no hallo suficiente fundamento para dar crédito a dicha voz, la materia es tan grave que no puedo ocultarla a Vuestra Señoría, como jefe de la provincia, para que le sirva de gobierno.

Nuestro Señor, etc.

XXXVIII. Al virrey, acusando el recibo de una real orden

Excelentísimo señor:

Asunción, junio 9 de 1794

Recibí la de Vuestra Excelencia de 10 de abril de este año, en que me copia la del excelentísimo señor Duque de la Alcudia, fecha en 10 de agosto del año próximo pasado: y por ella quedo enterado de que Su Majestad está impuesta de las reflexiones que hice a Vuestra Excelencia el 19 de enero de 1793. Y no ocurriendo que añadir sobre el particular, pido a Dios guarde la Vuestra Excelencia muchos años.

XXXIX. Al mismo, muy reservada

Excelentísimo señor:

Asunción 19 de junio de 1794

En vista de la de Vuestra Excelencia de 23 de abril próximo pasado, que también pasó Vuestra Excelencia al gobernador Intendente de esta provincia, me ha comunicado este lo que sabe del río Corrientes, y le he contestado que sus noticias son las mismas que tengo, y he participado a Vuestra Excelencia muchas veces, de que Su Majestad está bien impuesta.

Con este motivo no debo ocultar a Vuestra Excelencia que contemplo conveniente que dicho gobernador no sepa otras cosas que las precisas: porque, aunque no puedo justificar, ni es de presumir que tenga correspondencia ilícita con los portugueses, lo positivo es que en repetidas ocasiones ha recibido de ellos muchos regalos de excesivo precio, y que a los que han llegado a nuestra Villa de la Concepción los ha obsequiado con esmero imponderable personalmente: y lo mismo se hace por el comandante, y por un portugués que don Juan Lorenzo Gaona, secretario y familiar del gobernador, tiene, según dicen, de capataz en sus beneficios y comercios en dicha villa; de donde cada cuatro meses llevan los portugueses sus embarcaciones cargadas, según he oído.

También es cierto que, habiendo desertado un soldado de Coimbra, y venido a esta desde Misiones donde se halla este gobernador, ha mandado que se arreste y devuelva, tomando por motivo los tratados que no hablan de tal cosa. Verdad es que el Asesor, a quien mandó ejecutar la devolución, se ha resistido, por parecerle contrario a la humanidad y al derecho de gentes, y a lo que, antes de recibir regalos, dispuso el mismo gobernador en las instrucciones que dio al comandante del Presidio de Borbón.

Actualmente ha llegado a esta un portugués por Misiones, donde trató con el gobernador, y dicen que lo ha recomendado, porque en su casa le obsequian mucho. Dicho portugués parece de cuarenta y cinco años, y dice que viene a ordenarse, cuando no hay aquí obispo, ni trae dimisorias, ni tiene beneficio eclesiástico: y a los que le reconvienen con esto, responde que esperará al obispo, que se ordenará y domiciliará aquí.

Igualmente tomó este gobernador, con mucho empeño y el mayor ardor, hace mucho tiempo poblar las tierras que hay entre dicha Villa de Concepción y el curso del río Corrientes y lo hubiera verificado, si Vuestra Excelencia, con quien consultó la idea, no le hubiese mandado suspender: y después que Vuestra Excelencia, en vista de la determinación del rey de 6 de febrero de 1793, le mandó, según él me dijo que ejecutase la población de dichos terrenos, ya no ha querido hacerla.

Todo lo cual ha podido muy bien haberlo hecho este gobernador sin malicia: pero la política y buen juicio exigen que yo lo ponga en noticia de Vuestra Excelencia; porque en materias tan graves, que pueden acarrear fatales resultas, se debe precaver aun lo que parezca imposible. Por lo menos creo que, sin avisar a Vuestra Excelencia, no quedaría cubierta mi obligación, ni satisfecho mi recelo: mucho más en el día, que se ha esparcido la voz que me ha consternado, de que los portugueses se estaban poblando al norte de la Concepción y al sur del río Corrientes, en terreno que nos compete. He dado aviso de esto al gobernador, y procurado averiguar el origen de dicha voz que he hallado infundada: pareciéndome que ha podido tener principio en los portugueses que actualmente están en Concepción; lo que me hace temer que, si no es cierto lo que dicen, por lo menos piensan hacerlo. Ya ve Vuestra Excelencia que si llegase este caso complicaría infinito la demarcación de límites y que, no pudiendo proceder a vías de hecho, tendríamos infinito que sentir, quizás sin remedio, aunque para mí podrá servir de disculpa esta carta.

La penetración de Vuestra Excelencia y su prudencia sabrán hacer de estas noticias el uso que convenga al real servicio, mientras ruego a Dios guarde a Vuestra Excelencia muchos años.

XL. Al mismo, sobre el río Corrientes

Excelentísimo señor:

Asunción, 14 de agosto de 1794

Recibo la de Vuestra Excelencia de 30 de junio de este año, en que me manda auxiliar a este señor gobernador Intendente en lo que se le ofrezca para el objeto que de orden de Vuestra Excelencia ha de verificar: y como ha llegado dicha orden cuando tenía prontas mis cosas y cabalgaduras para pasar a Misiones, no suspenderé mi viaje, pero dejaré orden a mi segundo para que franquee todos los auxilios que pendan de la partida; y por lo que hace a los conocimientos que yo pudiera dar, podrán verificarse desde cualquier parte donde me hallare. Pero el asunto y los lugares están, hoy tan sabidos en esta ciudad, que no necesita el gobernador de preguntarme, porque cualquiera es capaz de verificar lo que Vuestra Excelencia dispone.

Nuestro Señor, etc.

XLI. Al gobernador

Asunción, 17 de marzo de 1795

He leído el oficio de 30 de junio de 1794, en que Su Excelencia ordena que Vuestra Señoría ocupe los terrenos que hay al sur del río Corrientes, aunque no sea más que con una guardia o puesto. También he visto lo que Vuestra Señoría ha contestado en su representación de 24 de agosto de dicho año, número 40, dirigida a persuadir que ha tomado tan bien sus medidas, y que cree tan difícil que los portugueses no hayan desistido de la idea de ocuparlos, si es que la han concebido, que responde de las resultas. Luego manifiesta Vuestra Señoría la presunción de que dichos fronterizos quieren poblarse en los terrenos que median entre los ríos Yaguarí e Igatimí; y bajo de este concepto, el acuerdo de Vuestra Señoría con el señor don Diego de Alvear propone por más útil y ventajoso omitir lo que Su Excelencia ha dispuesto, prefiriendo abrir un camino que, empezando en Concepción y tirando al este, conduzca a las bocas de dicho Yaguarí, para fundar en alguna de ellas una población que prevenga a los portugueses. Con ella y el fuerte de Borbón se persuaden Vuestras Señorías que no podrán los lusitanos adelantar sus usurpaciones, y que no habrá necesidad de otros establecimientos. Para remediar Vuestras Señorías aun lo que les parece increíble, y es el que los portugueses se establezcan al sur de dicho Corrientes, hallan muy fácil obligarles a la deserción, sin más diligencia que la de establecernos al norte de dicho Corrientes con la mayor cercanía a ellos.

Como concluye Vuestra Señoría manifestando alguna desconfianza del proyecto, y se halla persuadido, según me ha dicho, de que concurren en el señor Alvear, grande talento, vasta instrucción, infinita habilidad y virtudes heroicas, es de sospechar que ha adoptado dicho proyecto por deferencia a tan grande hombre. Si yo hubiese de determinar, también despreciaría mi dictamen por seguir el de dicho Señor: pero como no se me manda por el señor virrey acceder a voto ajeno sino decir el mío, no puedo menos de advertir, que no veo en todo lo expuesto por Vuestras Señorías que se hayan tenido presentes muchas consideraciones gravísimas.

Las medidas tomadas, y cuantas se pueden tomar, son insuficientes para impedir que los fronterizos no se establezcan cuando gusten al sur del río Corrientes. Para eso no han menester más que venir en sus canoas, como lo hacen con frecuencia, pasando por delante de Borbón, como pasan, sin que nadie les pueda estorbar por los tratados; y en llegando, al sur de dicho Corrientes, saltar en tierra y hacer un ranchito, dejando en él cinco hombres de los de Coimbra. Un rancho como este lo suelo hacer yo en una hora para dormir en los desiertos, y les basta para sus ideas: porque Vuestras Señorías no los han de echar por fuerza, y menos los bárbaros, que les son más afectos y fieles que a nosotros. El remedio que Vuestras Señorías proponen para este caso es, a mi ver, injusto en tiempo de paz: porque no es otra cosa que hacer un atentado e injusticia notoria, poblándose Vuestras Señorías en lo que creen ajeno, porque ellos se hayan establecido en lo que disputan por parecerles suyo, aunque en verdad sea nuestro. En sustancia, el procedimiento que Vuestras Señorías proponen, está, en mi juicio, poco distante de lo que el tratado prohíbe con gravísimas penas, bajo del nombre de vía de hecho.

En la relación que Vuestras Señorías hacen del camino desde Concepción a las bocas del Yaguarí, conozco la falta de instrucción en la materia, porque no debe ser al este. Esta es la primera vez que hablo de tal camino, por consiguiente han engañado a Vuestras Señorías los que les han dicho que yo le hacia intransitable, y que de este error supuesto había convencido el señor Alvear al señor virrey en su gabinete, con los planos en la mano. Para hacer más palpable la posibilidad de dicho camino, citan Vuestras Señorías el de los jesuitas que, según el padre Antonio Ruiz Montoya, salían de la Asunción por el río Paraguay arriba, desembocándose como a las 40 leguas en el puerto de Maracayú, pasando desde allí a embarcarse sobre el Salto grande del Paraná. Vuestra Señoría ha estado en Concepción, distante más de diez leguas de esta capital, de donde pudo inferir, que el puerto de Maracayú que citan, y toda la derrota jesuítica, pasaba muy al sur de dicha Concepción; y por consiguiente, que nada tenía que ver con la que Vuestras Señorías proyectan. En efecto, el camino del padre Montoya, que Vuestras Señorías ignoran, empezaba en la Asunción, y navegando su río hasta el de Xejuí, lo seguían hasta sus cabeceras próximas a los campos del antiguo pueblo de Terecañí, donde Vuestra Señoría tuvo las cabalgaduras que aprontó a los portugueses, y se conocen sus ruinas como siete leguas al norte de Curuguatí. De allí, que era el puerto de Maracayú, seguían los padres a otro pueblo no muy distante, llamado también Maracayú, y continuaban hasta el Salto del Paraná. Si no hubiese más dificultad que la de reconocer el Yaguarí, yo les enseñaría a Vuestras Señorías el camino franco y trajinado mil veces, pero no va por Concepción como Vuestras Señorías piensan. Empieza en Curuguatí, sigue por dicho Terecañí, y va a dar al paso del río Igatimí, desde donde sin tropiezo pueden Vuestras Señorías ir al norte por campos, hasta encontrar el Yaguarí: y si quieren itinerario, creo que lo hallarán en este archivo. Los Curuguateños andaban anualmente este camino, según he visto en varios papeles, y he hablado con varios que lo han andado; porque los Curuguateños no hace sino como treinta años, si no me engaño, que han dejado dicha correría.

Vamos a lo substancial, y para hacerme entender agrego un mapita, que aunque no sea exacto en cuanto al curso de los ríos menores, lo es suficiente para explicar mis ideas. En él se ve la distancia de los ríos Paraguay y Paraná, dividida en dos trozos: el uno comprende el espacio que hay entre los ríos Ipané y Corrientes, y el otro entre el Igatimí y Yaguarí. Aquel fue muy apreciado de los antiguos por sus excelentes calidades: era el más lleno o poblado de indios que hallaron por acá los conquistadores, que fundaron en él los pueblos de Atirá, Guarambaré, Ipané, Perico-guazú, Taré, Bomboy y Caaguazú, sin contar, la multitud que llevaron a Santa Cruz de la Sierra, cuyos descendientes se conocen hoy en varios pueblos de los Chiquitos. Los yerbales y demás conveniencias que se han descubierto estos años últimos, son notorias y las disfrutan en parte los de Concepción. Así solo diré, que tiene el río Paraguay franco para el comercio, y que proporciona auxilios y escalas para todo lo que se ofrezca más arriba.

El segundo trozo, entre los ríos Igatimí y Yaguarí, fue absolutamente despreciado de los conquistadores, que hallándole casi desierto, nunca fijaron el pie en él, sino el Venerable padre Fray Luis Bolaños, que inició la reduccioncita de Pacoyú que se deshizo en un momento. Desde entonces nadie ha hecho caso de tales tierras, no obstante de ser conocidas: sino un portugués que, con una estanzuela de ganados, se estableció junto a una laguna en un potrero grande, y los portugueses del pueblo de Nuestra Señora de los Placeres, que no han querido volver a él por serles costoso e inútil para sus ideas. Dicho espacio, según noticias que confirman los portugueses de Igatimí y lo que informó el excelentísimo señor don Manuel Antonio Flores, no sirven para ganados, porque no teniendo barrero, o la tierra salitrosa, absolutamente necesaria en aquellos terrenos rojos y no calizos, no viven los animales. Cuando se despobló Xerez, y abandonó el mencionado portugués su estanzuela, quedaron bastantes vacas en plena libertad, de las que los Curuguateños en las referidas corridas mataron algunas: pero con tanta escasez que, cuando mucho, en el viaje a Xerez encontraban tres o cuatro; siendo indudable que si el país fuese adecuado habrían en 200 años inundado la tierra donde nadie las ha perseguido. La historia nos dice, que todo el ganado que hay, desde aquí al río de la Plata, desciende de siete vacas y un toro que trajo mi paisano Juan de Salazar. Dicho señor Flores, hablando de esto, tiene por imposible la prosperidad del ganado en dichos lugares, alegando otras razones; y los de Curuguatí, que son vecinos y de la misma calidad, no pueden mantenerlos. Pero prescindamos, y aun demos por sentado que las mencionadas tierras sean excelentes para ganados y todo fruto, no por eso mejorarán para el estado, porque no hay río, para sacar cosa alguna, y el hacerlo por tierra es la vida perdurable. Curuguatí está rodeada de infinitos yerbales, y tiene un río por donde extrae la hierba en las crecientes: pero, como no sirve para embarcaciones de quilla, esto es para llevar, es una villa llena de desdichas, aunque está muchísimo más cerca de la Asunción que el país de que se trata.

La resulta de todo es, que Vuestras Señorías responden de que los portugueses no se poblarán al sur del río Corrientes, sin que se conciba como pueda nadie responder de otro que tiene interesen hacer aquello, y puede sin que le cueste un real, ni halle, ni pueda hallar el menor embarazo en las disposiciones de Vuestras Señorías. Proponen abrir un camino nuevo y costoso, cuando lo hay para ir al Yaguarí; y sin tener presente las circunstancias de las tierras al norte del Igatimí, quieren hacer un establecimiento en el Yaguarí, prefiriendo la protección de un terreno inútil y descuidando lo que vale muchísimo y puede defenderse sin expensas ni dificultad. La razón en que Vuestras Señorías se fundan de prevenir a los lusitanos en aquellas partes, no me hace la menor fuerza; porque no juzgo prudente gastar en eso sumas enormes que no se han calculado, como era regular y preciso en éste como en todo proyecto; ni las podrán rehacer con las ventajas que se figuran y que yo tengo por nulas. Si los portugueses se han establecido ya, quedará frustrado el proyecto de Vuestras Señorías y si por eso nos viésemos precisados, aunque no hay tal precisión, a cederles el país en la demarcación, que es lo que Vuestras Señorías temen tanto, creo que nada perderíamos, y que los lusitanos no ganarían sino un desembolso sin recobro. Pensar que con esto nos han de llevar también las tierras al sur del río, Corrientes, como

Vuestras Señorías dicen, no veo la conexión que tenga uno con otro. Por último, aunque me es sensible, la precisión me obliga a decir, que no es de mi acuerdo cosa alguna de cuantas contiene el de Vuestras Señorías.

He visto también los demás papeles que Vuestra Señoría me ha franqueado y son: uno de Vuestra Señoría al señor virrey, que empieza; «en oficio separado», su fecha 24 de agosto: otro que comienza; «acompaño a Vuestra Excelencia» fecha 14 de octubre: otro de 19 de noviembre, que inicia; «en oficio de 14 de octubre»; otro de 19 de enero que principia; «dirijo a Vuestra Excelencia el mapa»; todos del año de 1794, menos el último que es posterior. Además he leído los oficios siguientes del señor virrey a Vuestra Señoría. Uno de 17 de septiembre, que da principio; «está bien»: dos de 19 de noviembre, que empiezan; «aunque como verá Vuestra Señoría, y teniendo presente»: otro de 19 de febrero, que comienza; «recibí los dos oficios» riendo el último, del año presente, los demás del anterior: y todos los devuelvo.

Hecho concepto de todo, no me detendré en decir a Vuestra Señoría mi parecer sobre lo que no importa, como es lo que se habla de demarcación; porque la Corte está bien impuesta, desde antes que se hiciese el tratado, y después. Así ciñéndome a lo que conviene, no puedo ocultar mi confusión. El señor virrey hace más de siete meses que clama por que se haga una guardia, o puesto de tropa, para quince hombres: esto es un rancho, o casa de paja de ocho varas, rodeada de estacas: Vuestra Señoría ha dispuesto, sin que yo vea la aprobación, hacer un puesto de estancia, que no es otra cosa sino un corralito con un rancho para dos o tres hombres que repunten o atiendan a unas pocas cabezas de ganado: y las cartas de los que están con don José Bolaños, encargado del establecimiento, dicen, que está haciendo quinchas, tratando de capilla o iglesia, de 200 varas de tablas para puertas y ventanas, de cureñas, ¡y lo que Dios sabe! No es menor mi oscuridad en cuanto a la situación: porque Vuestra Señoría me ha dicho que era en la orilla del río Paraguay, y dichas cartas atestiguan que está nueve leguas tierra adentro, y en la misma orilla austral del río Corrientes; lo que será manifiestamente contra el tratado, si la línea va por él. También veo que Vuestra Señoría encarga con razón los ahorros del erario en sus instrucciones al comandante destinado; y que este, para hacer la guardia que ordena Su Excelencia, o el puesto de estancia de Vuestra Señoría, llevó nueve carretas, 400 cabalgaduras, setenta y tantos hombres, etc.: ¡y todavía quería llevar capellán, cirujano, piloto y Ministro de real hacienda, para aumento de costos y perjuicios y dar más que reír a los que saben los gastos y aparatos que se han hecho en siete meses para construir un rancho de puja y clavan unas estacas!

Si yo hubiese dirigido, el asunto, habría mandado al oficial, que regresó de Borbón poco há, se detuviese en la costa oriental del río Paraguay, como un cuarto de legua al sur de la barra del río Corrientes, y que con su gente hiciese un rancho pajizo de ocho varas, rodeado de estacada. El lugar es adecuado, y el que debe ser: con que, dejando en él diez u doce hombres con un sargento y dos cañoncitos, estaba todo concluido. Lo mismo haría hoy, enviando veinticinco hombres en el bote del ramo de guerra: pondría allí dos canoas, para que en caso de grave insulto pudiesen los presidarios irse a Borbón o a la Villa, y para que cada mes fuesen dos de ellos en la una por víveres a uno de dichos lugares. Tendría por escusado el oficial, porque basta un sargento para no dejar pasar al sur ninguna embarcación extranjera, aunque trajese pliegos: pues haría lo que el señor virrey, que cuando escribe al gobernador de Río Grande, nuestros chasques llegan a la primera guardia portuguesa, entregan los pliegos con recibo y regresan inmediatamente, sin esperar la respuesta, que traen los portugueses a Santa Teresa que es nuestro establecimiento fronterizo. El gobernador de Río Grande hace lo mismo. Como la idea del señor virrey en hacer dicha guardia, parece que ha sido fomentar a los españoles para que se adelanten con sus estancias, prevenir a los extranjeros y embarazar el comercio que hacen o pueden hacer en Concepción, lo dicho creo que basta para todo, y ya ve Vuestra Señoría que no tiene dificultad, ni el menor costo: si, como conviene, lo expende todo el ramo de guerra establecido aquí, con el objeto de fundar y mantener presidios.

Este es mi dictamen por conclusión, sin que pueda separarme un punto de su contexto, y debiendo reputarse por opuesto a él todo cuanto se ha hecho y lo que se está haciendo. Cualquiera cosa de mas momento que lo dicho será, a mi ver, inútil y costosa; y si no es en el sitio que fijo, no solo será de mayor gasto y riesgo, sino que no llenará el fin. La idea de puesto de estancia, que como he dicho no veo que esté aprobada, la juzgo intempestiva; porque primero se ha de observar el movimiento que pueden hacer los bárbaros y los fronterizos, antes de arriesgar los ganados, que tampoco se podrán llevar vivos a Borbón, como Vuestra Señoría piensa: pues para eso habrían de caminar muchas leguas por las tierras al norte del río Corrientes, que se duda sean nuestras, o por las del Chaco, que por allí, son casi todo el año intransitables.

Aun resta que decir por lo que hace a reconocimientos, sobre que Vuestra Señoría insta tanto. Si no estuviese firmado el tratado de límites, sería útil reconocer los ríos Yaguarí, Corrientes, Guachie, etc., para ver si podríamos dirigir la línea por unos mejor que por otros; pero el tratado está hecho, y es forzoso cumplirlo como suena: para esto no hay sino un medio, que es hacer la demarcación en la forma dispuesta. Supongamos ahora que, a costa de mucho trabajo y pesos, viniésemos a saber, por los reconocimientos que Vuestra Señoría solicita, que el Yaguarí, por ejemplo, corre diez leguas, más o menos, más allá de lo que se piensa, que da diez o mil vueltas o retortas, y que encabeza con el Guachie u otro: ningún trabajo nos ahorraban estas noticias; porque, sea lo que fuese, corra por donde y como quiera, y encabece con quien encabezare, el tratado se ha de seguir, y los demarcadores de ambas Coronas lo han de andar juntos, haya exactos planos y noticias, lo mismo que si no los hubiera. Entonces nadie dudará que el trabajo que Vuestra Señoría quiere hacer, o por mejor decir, quiere haga yo y mis subalternos, resultará bien ocioso: debiéndose notar, que dicho entonces no está lejos, y que mientras tanto no creo haya necesidad para nuestro gobierno de que sepamos más de lo que sabemos; y aunque concibamos algunas utilidades en lo que Vuestra Señoría propone, no merecen los costos.

Si se tratase de hacer otros establecimientos e investigaciones, para las cuales serían precisos los reconocimientos, se dispondrán entonces: porque las operaciones deben ser sucesivas y proporcionadas. Pondré un ejemplo: hecho el ridículo fuertecito que he propuesto, a poco tiempo sabríamos si podíamos llevar ganados a él para surtirlo, y a Borbón. De aquí se seguiría naturalmente el conocimiento del curso del río Corrientes, y sacaríamos las cuentas si podríamos hacer un pueblo hacia sus cabeceras donde nos podría convenir, pero que no hablo de él ni de otras cosas, porque no es tiempo.

Vuestra Señoría, en vista de mi dictamen por escrito, que es el mismo que dije a Vuestra Señoría de palabra, sabrá lo que ha de hacer; porque yo he cumplido con darlo tal cual lo entiendo, sin pretender que sea infalible, ni preferible a otros.

Nuestro Señor, etc.

Félix de Azara

Libros a la carta

A la carta es un servicio especializado para
empresas,
librerías,
bibliotecas,
editoriales
y centros de enseñanza;
y permite confeccionar libros que, por su formato y concepción, sirven a los propósitos más específicos de estas instituciones.

Las empresas nos encargan ediciones personalizadas para marketing editorial o para regalos institucionales. Y los interesados solicitan, a título personal, ediciones antiguas, o no disponibles en el mercado; y las acompañan con notas y comentarios críticos.

Las ediciones tienen como apoyo un libro de estilo con todo tipo de referencias sobre los criterios de tratamiento tipográfico aplicados a nuestros libros que puede ser consultado en Linkgua-edición.com .

Linkgua edita por encargo diferentes versiones de una misma obra con distintos tratamientos ortotipográficos (actualizaciones de carácter divulgativo de un clásico, o versiones estrictamente fieles a la edición original de referencia).

Este servicio de ediciones a la carta le permitirá, si usted se dedica a la enseñanza, tener una forma de hacer pública su interpretación de un texto y, sobre una versión digitalizada «base», usted podrá introducir interpretaciones del texto fuente. Es un tópico que los profesores denuncien en clase los desmanes de una edición, o vayan comentando errores de interpretación de un texto y esta es una solución útil a esa necesidad del mundo académico.

Asimismo publicamos de manera sistemática, en un mismo catálogo, tesis doctorales y actas de congresos académicos, que son distribuidas a través de nuestra Web.

El servicio de «libros a la carta» funciona de dos formas.

1. Tenemos un fondo de libros digitalizados que usted puede personalizar en tiradas de al menos cinco ejemplares. Estas personalizaciones pueden ser de todo tipo: añadir notas de clase para uso de un grupo de estudiantes, introducir logos corporativos para uso con fines de marketing empresarial, etc. etc.

2. Buscamos libros descatalogados de otras editoriales y los reeditamos en tiradas cortas a petición de un cliente.

www.ingramcontent.com/pod-product-compliance
Lightning Source LLC
La Vergne TN
LVHW101917190826
846094LV00002B/44

* 9 7 8 8 4 1 1 2 6 0 0 0 8 *